First Branding

First Branding

압도적인 브랜딩은 어떻게 가치를 창출하는가?

국도형 지음

RISE

CONTENTS

Part 2 사람들은 '누구나' 돕지 않는다

Part 3 '나'라는 브랜드의 체력을 기르자

Part 4 개인브랜드 실무전략

Part 5 개인브랜드 도구 활용법

고용불안 100세 시대,
안정적인 삶을 꿈꾸는 당신이라면
코인이 아닌 '당신'에게 투자해야 한다.

4차 산업으로 인한 무인화無人化, 최저임금 인상, 경기 불안정화 등의 요인으로 고용불안이 가속화되고 있다. 이로 인해 공무원, 공기업 등 소위 '안정적인' 직장들의 경쟁률은 하늘 높은 줄 모르고 치솟고 있으며, 아이러니하게도 생산의 부족이 없는 현대인들이 되려 '먹을 입'을 걱정하는 기묘한 시대가 왔다.

현실 비판과 미래를 예측한 올더스 헉슬리Aldous Leonard Huxley가 쓴 미래 가상 소설《멋진 신세계》와는 거리가 멀다고 자신할 수 있겠지만, 과거의 단편적인 디스토피아Dystopia적 발상에 자조적인 쓴웃음을 던지기에는 충분하다 할 수 있다.

집안 사정으로 대학교 진학을 포기한 필자가 24살, 무작정 뛰어든 사회에서 갖게 된 첫 직업은 '자동차 영업사원'이었다. 아침 7시 반까지 출근해서 새벽 2시까지 전단지를 돌리는 등 열심히 일했지만, 그저 '열심히'만 알았던 무능한 사원이었다. 이후 돈을 더 벌고 싶다는 생각에 이직한 곳은 '보험사'였다. 금융전문가가 되기 위해 밤낮 가리지 않고 '열심히' 공부하고, 모든 일에 누구보다 열정적으로 임했지만, 결과는 빚만 짊어진 채 '원위치'했다.

'무엇이 문제일까? 열정? 노력?' 누구 못지않게 모든 걸 쏟아부었지만, 고객들은 그런 나에게 '열심히 사는 친구야'라는 격려를 보낼 뿐 비즈니스까지 연결되는 사람은 많지 않았다. '무엇이 문제일까?'라는 생각을 하루에도 수십 번씩 했다. 나이가 어리기 때문에, 화술이 부족해서, 지식이나 정보의 양이 부족해서, 회사가 마음에 들지 않아서 등 너무나 많은 이유들이 떠올랐다. 결국 마땅한 해답을 찾지 못한 채 나의 20대 청춘은 소비되어 흘러갔다.

이후에도 다양한 일들을 경험했다. 사업자를 대상으로 한 프랜차이즈 가맹영업을 시작으로, 전시장에서 전통식품을 판매해보기도 하고, 교육회사에 몸담아 지자체에서 진행하는 교육복지사업의 총괄 매니저 역할도 해봤다. 시간과 경험은 거짓말을 하지 않는다. 자연스럽게 소비한 인생의 양만큼 마케팅에 대한 노하우가 쌓이게 되었고, 동종업계에서 남들과는 차별화된 실적을 내놓는 수준이 되었다. 그러나 여전히 20대의 청춘이 제시했던 의문은 그 대답을 결정하지 못한 채 마음속에 응어리져 있었다.

'고객이 먼저 찾아오게 하는 방법은 무엇일까?'

정답은 개인이 특정 분야의 '브랜드'가 되는 것이다. 2013년, 처음 사업을 시작할 무렵 내 통장엔 2천 원이 전부였다. 나만의 노하우를 점토 삼아 '내 꿈'으로 빚어내기 위해 저신용자 대출상품을 통해 8백만 원이라는 돈을 받아 무작정 마케팅 회사를 창업하였다. 그로부터 5년이 지난 2018년, 나는 나조차 모르는 새에 자산가치 10억이라는 결과를 만들어냈다.

소위 '고객의 바짓가랑이를 붙잡아가며' 영업을 했던 몇 년 전과는 달리 지금은 여러 방송 촬영과 브랜드 매니지먼트 활동, 청년후원 활동 등 빡빡해진 스케줄로 인해 이제는 컨설팅 비용을 제안받고도 상담을 할 수 없는 상황에 이르렀다.

고용불안 100세 시대를 사는 현재, 평생직장이란 없다. 나 자신이 브랜드가 되고, 나 자신이 기업이 되는 것, 그리고 개인브랜드를 통해 한 분야의 대표적 인물로 자리잡는 것이야말로 불안한 우리 삶의 미래를 준비하는 가장 핵심적인 방법이다.

"개인브랜드를 만들고는 싶은데 무엇부터 시작해야 할지 모르겠어요."

컨설팅할 때 가장 많이 듣는 질문이다. 정답부터 말하자면 순서는 정해져 있지 않지만, 시기는 중요하다. 인생은 타이밍이다. 의지가 섰다면 지금 당장 브랜드 작업을 시작하라. 이 책에는 내가 직접 몸으로 부딪혀가며, 단기간에 성과를 내며, 큰 실패를 경험하며 느꼈던 모든 노하우들이 총망라되어 있다. 이 책은 당신이 가야 할 길과 해야 할 일을 제시해주는 좋은 계기가 될 것이다.

국도형

Part 1

개인 브랜드,
왜 필요하지?

First Branding

창업? 어렵고, 취업? 힘들다!

1

2018년 8월 국세청은 충격적인 통계치를 언론에 공개했다. 무려 90%! 10명 중 9명의 자영업자가 5년 내에 문을 닫는다는 통계이다.

자영업자의 폐업률이 이토록 충격적인 이유는 이런 얘기가 결코 '남의 일만은 아니기 때문'일 것이다. 실제로 3년 넘게 대기업 취업을 준비해 성공을 거둔 한 친구는 술자리만 있으면 입버릇처럼 하던 얘기가 있다.

"회사 생활이 너무 거지 같아. 딱 20년만 고생하고, 내 가게 하나 차려서 자유롭게 지내고 싶어."

위의 통계대로라면 이 친구는 스스로 지옥불로 뛰어들 작정을 하고 있는 것이나 마찬가지일 것이다. 이처럼 자영업 시장 경제의 몰락은 자유롭고 안정적인 삶을 위해 자영업 창업을 꿈꾸는 어떤

'사상 최악' 대한민국 자영업-폐업률 88%…
자영업자 십중팔구 망해
재취업·연금 '하늘의 별'… 빚만 산더미!

국세청 국세통계에 따르면 도소매업과 음식, 숙박업 등 자영업 4대 업종은 지난해 48만 3,985개가 새로 생기고 42만 5,203개가 문을 닫았다. 한쪽에서 가게 10곳이 문을 열면 다른 한쪽에서 8.8곳은 간판을 내렸다는 얘기다. 상가정보연구소가 소상공인시장진흥공단 상권분석 시스템을 분석한 결과는 더 심각하다. 지난해 하반기 전국 8대 업종 폐업률은 2.5%로 창업률(2.1%)을 앞질렀다. 특히 음식 업종은 폐업률 3.1%, 창업률 2.8%로 8개 업종 중 창업과 폐업이 가장 빈번했던 것으로 나타났다. 창업률이 폐업률보다 앞서는 업종은 없었다.

〈매경이코노미〉 2018년 8월

이들에겐 청천벽력과도 같은 소식이다. 망할 확률이 10%만 돼도 망설임이 생길 텐데 오히려 성공할 확률이 10%라고 하니 배짱이 두둑한 사람이 아니고서야 일반 사람들은 시작하기도 전에 포기할 각이다.

사실 자세히 들여다보면 국내 자영업 시장의 근본적인 문제는 폐업률보다 창업률에 있다는 것을 알 수 있다. 국내 자영업 시장 규모에 비해 뛰어드는 인구수가 너무 많은 것이 원인이다.

2017년 기준 일본의 자영업 창업률이 5.1%임에 반해 우리나라의 창업률은 20%를 넘어섰다. 일본의 인구수가 우리보다 2배 이상 많다는 것을 감안하면 더욱 충격적인 수치이다.

일본을 떠나 세계적으로 봤을 때 이는 어느 정도 수준인 걸까? OECD의 2017년 현황보고서에 따르면 우리나라의 자영업자 수는 556만 3,000명으로 미국, 멕시코에 이어 OECD 회원국을 비롯한 주요 38개국 가운데 3위라고 한다. 마찬가지로 27위에 불과한 인구수를 놓고 비교하자면 국내에서 얼마나 많은 사람이 자영업 시장에 뛰어들고 있는지 알 수 있다.

국내 자영업 시장의 공급 과다 현상이 일어난 이유가 무엇일까? 소상공인진흥원의 '2013년 전국 소상공인 실태조사 보고서'에 그 이유가 잘 나타난다. 국내 소상공인의 창업 동기를 조사한 자료에 따르면 '생계유지를 위해(다른 대안이 없어서)'가 82.6%로 1위다. 즉, 정말 원해서 자영업 창업을 하는 것보다 어쩔 수 없어서 창업하는 경우가 압도적으로 많다는 것이다. 직업 이동의 측면에서 가장 마지막에 선택하는 것이 자영업인 셈이다.

책의 서두에 자영업을 다룬 이유는, 국내에서 '창업'이라 하면 기업보다도 매장이나 가게를 먼저 떠올리는 대표성 때문이다. 처음에 언급한 친구처럼 혹시라도 자영업을 만만하게 생각하고 있는 사람들이 있다면 결코 쉽게 접근할 문제가 아니라는 점을 미리 시사해두고 싶다. 상담을 하다 보면 의외로 대기업 간부나 임원 출신의 퇴직자들을 많이 만난다. 흥미로운 사실은 이들이 퇴직 후 공통적으로 한 가지 고충을 겪고 있다는 것이었다. 바로 '평생 회사를 위해 일했는데 회사를 나오니 무엇을 해야 할지 모르겠다는 것'이었다.

이들 중 대부분은 생계유지를 위해 자연스럽게 자영업 창업시장에 뛰어든다. 컨설팅을 할 때 이런 점을 분명히 알리고 다시 생각할 것을 권유하지만 대부분이 결심한 일을 실행에 옮긴다. 결과는 어떨까? 통계치 그대로 10명 중 9명이 큰 손해만 떠안은 채 수년 안에 문을 닫았다. 생계유지를 위해 뛰어들었던 창업시장에서 그야말로 생계유지에 치명타를 입게 되는 형국이다. 나는 말이 아닌 눈으로 직접 확인했다.

2016년 겨울쯤 경기도의 한 식품제조업체 공장에서 연락이 왔다. 콘셉트가 '가족이 차려준 밥상'이므로 제조업체 대표에 대한 개인브랜드가 필요하다는 것이었다. 해당 업체는 완성된 형태의 식품을 판매하는 곳이 아닌 '육수'를 만들어내는 곳이었다. 대표자는 마찬가지로 이름만 들으면 알 만한 기업의 간부 출신의 인물로, 무역과 관련된 파트에서 무려 30여 년간 종사했던 해당 분야의 베테랑이었다. 굳이 잘하는 것을 두고 상관없어 보이는 일을 시작한 것이 의아하여 이에 대해 묻자 그는 이렇게 대답했다.

"대기업이라는 시스템 안에서 일을 해왔기 때문에 저 혼자서 관련 사업을 창업하는 것은 무리가 있었습니다."

즉, 시스템 안에서 윤활유 역할을 했을 뿐 시스템을 구축해본

적이 없기에 30년 세월을 투자한 경력과 경험은 기업을 나오는 순간 써먹을 수 없다는 말이었다. 평소 아이들 밥상을 직접 차려주던 버릇이 있어 요리에는 나름 자신이 있었기에 식품 사업을 선택했다고 덧붙였다. 조그마한 제조 시설과 오프라인 매장을 운영 중인 상황에서 그의 선택은 자의보단 타의에 가까워 보였다.

흥미가 생긴 나는 조금 더 깊이 들어가 다른 질문을 던져보기로 했다.

"선생님, 제가 보기에 동종업계 타 사업장에 비해 경쟁력을 뚜렷하게 찾기가 어려운 것 같은데, 혹시 경영에 어려움을 겪고 있으시진 않은가요? 마케팅이라든지……."

그는 한참을 생각하더니 한숨을 푹 쉬며 이야기를 시작했다.

"사실 처음으로 말하는 거지만 하시는 말씀이 맞습니다. 오늘 컨설팅을 신청한 이유도 제 개인브랜드를 만들기 위함도 있지만, 전체적인 마케팅 전략을 전문가와 함께 상의해보고 싶었습니다. 근데 막상 뵙고 나니 상황을 말하기가 좀 부끄러워지더군요. 좋은 학교 나와서 좋은 기업의 중역까지 맡았던 사람인데 창업에 있어서는 뭔가 죽을 쑤고 있는 모양새를 보이는 것 같아서요."

그는 담배 한 대를 입에 물며 말을 이어나갔다.

"퇴직할 때 받은 돈이 몇억 정도 되었어요. 평생을 몸 바쳐 일한 직장을 나와야 한다는 사실에 마음이 서글픈 감도 있었지만, 통장에 들어온 큰돈을 보며 막연하게 '이제 좀 쉬면서 살아야겠구나'라고 생각하며 덤덤하게 받아들였죠. 받은 돈으로 남아 있던 아파트 대출금과 개인 부채를 정리하고 나자 현실이 와닿았어요. 통장에 잔고는 남아 있었지만, 매월 나가는 생활비나 각종 공과금, 생활비는 변함없이 빠져나가더군요. 수입이 없는 상태에서 지출이 이어지니 어느 순간 조급한 마음이 들었어요. 뭐라도 해서 조금이라도 돈을 벌어야겠다는 생각에 몇몇 회사에 입사 지원을 해봤지만 단 한 군데도 연락을 받지 못했습니다.

솔직히 워낙 큰 기업에서 경력을 쌓아왔기에 '마음먹으면 어디든 들어가는 건 큰일 아니겠지'라고 생각했었는데 막상 상황에 닥치니 제 생각처럼 쉽지가 않더군요. 그간 알고 지냈던 하청업체 관계자들이나 협력사들로부터 제안을 받았지만, 대부분 영업 이사와 같이 고정급이 별로 없는 영업직이었어요. 처음엔 그것도 고마워서 열심히 해보려 했는데 영업은 체질이 아니더군요. 그렇다고 아파트 경비나 단순 노동을 하기엔 아직 젊다는 생각이 들었습니다. 솔직히 자존심이 허락을 하지 않은 것도 있었고요.

전전긍긍하다가 눈을 돌린 게 프랜차이즈 음식점 창업이었는데 당시 창업을 도와줬던 창업 컨설턴트가 '무조건 2년 안에 투자한 것 이상으로 회수할 수 있다'라는 걸 듣고 급하게 뛰어들었죠. 하지만 시장 상황이 너무 포화된 탓이었는지 실패를 겪고 수천만 원을 날려버렸습니다. 그러던 중 엎친 데 덮친 격으로 큰딸이 결혼하게 되었어요. 딸도 다니고 있던 직장을 때려치우고 내가 차렸던 매장에서 일하던 상황이었는데, 아빠 입장에서 딸이 결혼한다는데 아무것도 안 할 수는 없잖아요. 그렇게 혼수비용 좀 마련해주고 하니까 1년여 만에 그 많던 돈이 먼지처럼 훅 날아갔더라고요."

그는 심란한 표정을 지었다. 그런 말을 듣고 있자니 남 이야기 같지 않아 많은 감정적 충돌이 일어났다. 나는 조심스레 다시 물었다.

"선생님, 지금 하시는 사업은 혹시 투자를 받으셔서 하시는 건가요?"

그는 떨떠름한 미소를 지으며 담배를 재떨이에 비벼 끄며 대답했다.

"아니요. 지금 하고 있는 사업은 남은 전 재산을 다 바쳐서 차린 사업이라 솔직히 두렵습니다. 더 갈 곳이 없다는 생각으로 제조시설도 만들고 조그마한 매장도 차렸는데 한 달 생활비 벌기도 빠듯해요."

사연을 들은 나는 전화기를 들어 다음 스케줄을 다른 날로 미뤘다. 컨설팅을 하다 보면 사람에 따라 더 집중하게 되는 경우가 있고, 그렇지 않은 경우도 있는데, 당시 내 앞에 앉아 있는 의뢰인은 한두 시간 이야기를 나눈다고 해서 상황이 나아질 것 같지 않았다. 아마 살면서 손에 꼽힐 만큼 내가 알고 있는 모든 지식과 정보를 쏟아부었던 상담으로 기억한다. 장장 4시간 반 동안 여러 방면으로 함께 고민하며 판로 및 마케팅 전략을 세워주었다. 진심이 통했는지 상담이 끝난 후 그는 일어서는 나에게 담배를 같이 한 대 태우자며 권유했다.

우리는 밖으로 나와 추운 겨울바람을 맞으며 담배를 태우며 일 이야기가 아닌 개인적인 사담을 나눴다. 태어난 곳은 어디인지, 어떻게 하다 내가 이 일을 하게 됐는지, 아이는 몇 살인지 등등. 그러던 중 슬쩍 나에게 나이를 물어보았다. 30대 초반임을 밝히자 그는 묘한 표정을 짓더니 하늘을 향해 연신 담배 연기를 내뿜었다. 나는 혹시 '내가 너무 어려서 실력을 의심하는 것일까'라는 생각이 들었지만, 굳이 대화를 이어나가려 하진 않았다. 애초부터 어려운 상황에 처해 있는 그에게 비즈니스를 권할 생각은 없었기 때문이다.

잠시 후 입을 연 그가 한 말은 지금까지도 큰 자극으로 나에게 남게 되었다.

"내가 그동안 세상을 잘못 살았네요. 수십 년간 나름 열심히 뛰어왔다고 생각했는데 정말 앞만 보고 살았던 것 같습니다. 그럼 뭐하나요. 내 인생은 지금부터 또 시작해야 하는데 말입니다. 아들뻘인 젊은 분께 이런저런 조언 들으면서 참 많은 생각이 들었는데 이제야 무엇이 잘못되었는지 정리가 됩니다. 귀한 시간 내주셔서 정말 감사드려요."

타인의 사례를 인용하긴 했지만, 잔인하게도 위의 상황은 우리 시대 아버지뻘에서 누구나 겪을 수 있는 상황이다. 사업 실패로 한순간에 무너져 내렸던 우리 아버지 또한 그랬다. 어떻게 사는 것이 정답인지 정의를 내릴 순 없지만 한 가지 사실은 확실히 알 수 있었다. 인생은 길고 우리는 생각보다 미래에 대한 대비를 철저하게 하지 못한다. 각종 연금을 준비해놓는다면 그나마 다행이지만, 연금만으로 모든 것을 해결하기엔 우리 삶엔 너무나 변수가 많다.

끊임없이 물가가 상승하여 그로 인해 화폐가치가 하락하거나, 때로는 보이스피싱으로 잘 모아뒀던 전 재산을 탕진하기도 하고(실제로 내 주변에서도 당한 사례가 있다), 사고를 당하거나, 뜻하지 않은 천재지변으로 재산에 타격을 입기도 한다. 결국 평생에 걸쳐 준비하는 돈이나 재산 따위는 생각처럼 인생에서 완벽한 노후대비가 되기 힘들다는 것이다.

이쯤에서 시선을 조금 돌려보자. 현재 젊은이들의 취업 상황은 어떨까? 그야말로 최악이라 표현할 수 있겠다. 물가가 치솟음에 따라, 학생들은 보통 학비를 벌기 위해 학업과 일을 병행해야 하는데, 기술의 발달, 최저임금 상승, 경기 악화 등으로 미니 잡(단순 아르바이트)들이 통째로 사라지고 있는 상황이다. 주변에 PC방, 패스트푸드점, 편의점만 봐도 일자리가 키오스크 등으로 대체되어 무인화가 이루어지고 있다. 중소기업들은 치솟는 원자재 값과 인건비를 감당하지 못해 줄도산하고 있고, 대기업들은 당장 국내에 있는 공장들부터 동남아나 중국 등지로 옮겨가고 있다.

어디 그것뿐인가? 근속 연수가 짧아짐에 따라 취업 시장엔 중장년층 및 실버세대들이 재진입하고 있는 실정이다. 정해진 파이 안에서 먹을 입만 늘어나고 있다고 말할 만하다.

NGO 활동을 하다 보면 현장에서 청년들과 자연스럽게 대화 나눌 기회가 자주 생기는데, 그들의 이야길 듣다 보면 분노가 치솟는다. 그들에게 화나는 것이 아니라, 그들이 하는 말들이 이해되기에 화가 나는 것이다. 뉴스를 보다 보면 공시족 40만 명 시대라는 헤드라인을 너무나 쉽게 찾을 수 있다. 말이 공시족이지, 이들 중 대부분은 일을 하지 않는 취준생 신분이다. 실제 상황을 들여다보면 뉴스에서 쏟아져 나오는 관련 기사들이 결코 거짓이 아님을 알 수 있다. 아니, 오히려 더 심각한 수준이다. 그냥 딱 주변만 둘러봐도 공무원 준비하는 친구들이 족히 30명이 넘는다.

이들 대부분은 무척 열심히 시험을 준비한다. 저렇게 살 수 있을까 싶을 정도로 밥 먹고 공부만 하는 친구들도 많다. 이들이 어느 정도로 노력하는지 알게 된다면 노력이 부족하다는 말이 이들에게 얼마나 큰 실례를 범하는 것인지 알 수 있을 것이다. 더욱 서글픈 사실은 모든 매체에서 이들, 공시족들을 마치 사회적 골칫덩어리처럼 여기고 있다는 사실이다. 이들은 죄가 없다. 그냥 어떻게 살아야 하는지에 대한 방법이 막막할 뿐이다. 누가 가르쳐준 적도 없고, 우리 사회도 이들에게 다른 길이 있다는 것을 알려주지 않았다.

자, 뭐가 어찌 됐든 간에 암울한 현실 안에서도 우리는 살아남아야 한다. 시대가 어떻고 사회가 어떻고 하는 얘기는 잠시 뒤로 미루자. 어차피 그런 불만 섞인 얘기들은 스트레스만 쌓일 뿐 자신의 인생에 아무런 변화도 일으키지 못한다.

독일의 축구 영웅 베켄바우어Franz Beckenbauer는 "강한 자가 이기는 것이 아니라 이기는 것이 강한 자다"라고 말했다. 지금부터 내가 써 내려갈 개인브랜드에 대한 이야기들은 이 어려운 시국에 어떻게 해야 진짜 강한 자로 살아남을 수 있을지에 대한 생존에 대한 방법론이다.

준비되지 않은 창업은 자영업이든,

기업이든 필패必敗하게 된다.

개인브랜드, 듣기보단 실천하라

2

창업은 어렵고, 취업은 힘들다. 먹고는 살아야겠는데 마땅히 뭘 해야 할지 모르겠다. 답답한 마음에 자기계발서나 유튜브 동기부여 영상을 찾아보지만 좋아하는 일을 꾸준히 하라는 등의 당연한 말들만 되돌아온다. 시간이 갈수록 나이는 먹어가고 초조함과 조급함이 엄습해온다. 만약 이 책을 읽고 있는 분들 중에서 '대체 내게 무슨 특별한 문제라도 있는 걸까?'라고 생각하는 사람이 있다면 정확하게 알려주겠다. 아마도 당신의 문제는 '자신의 문제를 다른 사람들의 이야기나 현상을 통해 답을 얻으려는 습관' 때문일 것이다.

창업, 취업을 떠나 원래 세상 대부분의 일은 어렵다. 그 이유는 간단하다. 많이 안 해본 일들이기 때문에 두려움이 앞서는 것이다. 실제로 창업이나 취업도 많이 해본 사람들에겐 그렇게 어려운 일이 아니다. 그래서 처음에 사업을 했던 사람은 다시 사업을 하는 경우가 많고, 처음부터 취업을 했던 이들은 직장을 나와도 창업보단 재취업하는 경우가 많다. 나이, 국가, 성별을 막론하고 모든 사람은 자신이 겪어왔던 경험 안에서 모든 일을 사고하고 판단한다. 그렇기에 해보지 않은 일이 많을수록 어떤 일을 하려 할 때 망설임도 커질 수밖에 없다.

장담컨대, 책이나 영상, 또는 주변 사람들의 경우 등 간접경험을 통해 자신의 인생에서 정답을 찾으려 하는 사람들은 직접 무엇을 해본 경험이 적은 사람들일 가능성이 크다. 그들은 처음 하는 일이나 잘 모르는 일에 대한 두려움 때문에 최대한 많은 것을 습득한 뒤 마음을 안정시킨 후 실천하고자 한다.

물론, 성공한 사람들로부터 성공 스토리를 듣거나 주변인들에게 조언을 얻는 것은 의미 있는 일이다. 하지만 그것이 과하면 의존하게 된다는 것이 문제다. 이것이 반복되어 습관화되면 더 큰 문제로 발전한다. 타인으로부터 자신의 인생에 답을 얻고자 하는 사람들은 공통적으로 직접 실천하는 경우가 적다는 특징이 있다. 조언은 내 생각이 올곧이 서 있는 상태에서 참고 정도로만 듣는 것이 좋다. 어떤 선택에 있어 누군가의 의견을 듣고자 한다면 되도록 내가 궁금한 분야에 대한 직접경험이 있는 사람에게 듣고 싶은 것만 질문하라. 그 또한 최대한 적을수록 좋다. 어차피 모든 사람은 살아온 환경, 상황, 경험이 모두 다르기에 누구도 당신에게 퍼즐처럼 딱 들어맞는 솔루션을 제공할 수 없다.

개인브랜드 이야기를 시작하기 전에 분명하게 밝혀야 할 부분이 바로 이 점이다. 자신의 브랜드를 만들고자 하는 사람이라면 남의 이야기는 적당히 듣고 궁금한 부분에 대해 직접 실천해야 한다. 비록 당장은 시간적, 금전적 손해가 생길지 몰라도 당신에겐 남들에게 없는 '스토리'와 '노하우'가 생겨난다. 이것을 나는 '경쟁력'이라 표현한다. 이런 경쟁력들은 추후 당신에게 더 큰 성공을 가져다줄 것이다.

그 이유를 설명하자면, 어떤 마케팅 전략을 수립할 때 가장 중요한 핵심이 무엇일까? STP 전략? SWOT 분석? 4P 전략? SEO? 모두 핵심은 아니다. 요약하자면 정답은 바로 '포인트'를 집어내는 것이다. 제품이나 사람이 가진 강점을 분석하고, 타사 대비 경쟁력을 끌어내어 포인트를 만들어내고 그것을 중심으로 전략을 짜내야 한다. 그것은 제품의 기술력일 수도 있고, 탄생 비화일 수도 있고, 신기술에 대한 호기심 자극이 될 수도 있다. 스토리텔링 기법이나 콘셉트 전략은 그렇게 만들어낸 포인트를 토대로 적용하는 것이다.

이 부분부터 명확한 정리가 되어 있지 않으면 마케팅 전략에 큰 혼선이 빚어지게 되는데, 이로 인해 광고 콘텐츠 또한 이랬다 저랬다 하면서 결과적으로 해당 제품이나 사람에 대한 명확한 아이덴티티가 무너져 내린다. 결과적으로 어떻게 될까? 광고비용은 전부 매몰비용 처리된다.

실제로 온라인 마케팅 업계에 종사하는 사람들 중에는 이런 내용을 아예 모르는 사람이 즐비하다. 이런 검증 안 된 마케터들은 단순히 콘텐츠를 만들어서 강제로 상위 노출시키는 것에만 혈안이 되어 있고, 광고주들은 그들이 얘기하는 어려운 단어와 이해하기 힘든 그래프 등을 보며 월간 수백만 원이 넘게 들어가는 비용을 허공에 날려버린다. 얼마나 쉬운가?

'브랜드란 원래 한 번에 만들어지는 것이 아니기 때문에 조금 더 기다려야 한다.'

이 말 한마디로 광고주를 꿀 먹은 벙어리로 만들 수 있으니 말이다. 다시 한번 강조하지만, 포인트를 찾아내고 이에 따른 브랜드 전략, 광고 전략, 판촉 전략 등 모든 마케팅 전략은 하나의 목소리를 향해 달려가야 한다. 단순히 어디 몇 회 노출, 몇 뷰 달성 등 숫자나 데이터만 가지고 얘기하는 마케터를 만난다면 과감히 패스하는 것이 정신건강에 이롭다.

마찬가지로 개인브랜드를 만들 때 가장 중심이 되는 요소 또한 그 사람이 가지고 있는 포인트를 끌어내는 데에서부터 시작된다. 기업이나 제품이 아닌 사람에 있어 포인트는 주로 '이슈(사건)'이다. 가지고 있는 이슈가 남들에게 없거나 세상에 별로 알려진 적 없는 이슈일수록 반향이 크다. 당신만이 겪어보거나 가지고 있는(알고 있는) 이슈들을 콘텐츠화시키고 대중이 접할 수 있는 플랫폼에 알리는 것이 당신이란 브랜드를 시장에 새겨 넣는 시작점이다.

그러기 위해선 듣는 것보다 실천하는 횟수가 많아야 한다. 앞서 얘기했던 대로 당장의 실패나 손해가 생길지언정 거기서 생겨나는 많은 스토리들과 경험들이 결과적으로 개인브랜드를 만드는 데 있어서는 하나의 마케팅 포인트가 된다. 그것은 당신만의 스토리가 될 수도 있고, 특별한 경험치가 될 수도 있으며, 때로는 노하우가 되어주기도 한다.

사실 실천이 중요한 것을 알지만 행동으로까지 이어나가기 어려운 것은 당신이 타인에 비해 심각하게 게으르거나 모자라서가 아니다. 단지, 무엇을 했을 때 겪어야 하는 실패나 리스크가 두렵기 때문이다. 물론 실패를 경험한다는 것은 누구에게나 어려운 일이다. 그로 인해 겪어야 되는 감정적인 고통, 불안한 미래, 불편해질 생활 등은 누구나 경험하고 싶지 않은 것들이기에 그렇다.

하지만 역설적이게도 성공했다고 평가받는 사람들 중에 단 한 번도 실패하지 않은 사람들은 찾아보기 드물다. 이순신 장군도 수없이 과거에 낙방하였고, 알리바바의 마윈馬雲 또한 10년이 넘는 세월 동안 실패를 반복했던 인물이다. 하지만 사람들은 그들의 성공한 모습에 집중할 뿐 그 안에 어떤 실패들이 이어져 왔는지 주목하지 않는다. 개인브랜드를 만들고자 하는 사람이라면 이들의 성공 스토리보다 실패 스토리에 더 주목해야 한다.

적어도 누군가가 '성공했다'라고 평가받기 위해서는 대중들의 인정과 지지가 필요하다. 나와 관계없는 수많은 사람에게 인정받으려면 그들에게는 없지만, 나에게는 존재하는 위대한 업적이나 스토리가 존재해야 한다. 이를 통해 따라가고 싶은 존재라든지 배우고 싶은 존재가 되었을 때 당신은 사회적으로 성공한 인물로 평가받게 된다.

이런 면에서 '실패'라는 가치가 브랜드적으로 어떤 중요한 가치를 지니는지 가늠해볼 수 있다. 앞서 언급한 대로 실패라는 이유 때문에 일반 사람들은 인생에서 무언가를 실천하는 것조차 어려워한다. 당신이 어떤 얘기를 듣고 그것을 실천하는 것만으로도 결과를 떠나 이미 그 순간부터 당신에겐 타인과는 차별화된 당신만의 브랜드가 만들어지기 시작하는 것이다.

실패 스토리에 주목해야 한다는 얘기는 바로 이런 점에 기인한다. 자세히 들여다보면 마윈이나 정주영 같은 위인들에게 대중들이 열광하는 이유는 그들이 일궈낸 업적이 대단한 것도 있지만, 그런 것들을 이뤄내 가는 과정에 있어 자신들은 범접하지도 못했을 만한 역경들을 이겨낸 인물들이기 때문이다.

'만약 이들이 손에 꼽힐 만한 재벌 집 자제들이었어도 현재의 정주영, 마윈이 될 수 있었을까?'라고 생각해보면 매우 간단한 문제이다. 대단한 업적은 존경을 만들어낼 수 있지만, 대중을 열광하게 만들 수는 없다. 같은 성공이라도 좀 더 어려운 상황 속에서 이뤄냈을 때 더 많은 사람에게 존경받게 되는 이치와도 같다.

자, 그럼 종합해서 정리해보겠다. 개인브랜드를 만들고자 한다면 당신만의 마케팅 포인트가 있어야 한다. 그것은 스토리, 경험, 노하우, 경력 등 다양한 형태로 표면화되는데 그런 것들은 대부분 직접 경험을 통해 만들어지게 되므로, 무언가에 대해 듣는 시간보다 그것을 실천하는 것이 더 중요하다는 것이다. 다만 무언가를 실천한다는 것은 때때로 실패나 손해도 각오해야 하는 일이므로 매우 어려운 일임에는 틀림없다. 그래서 아무나 쉽게 하지 못한다.

다행히도 역사적으로 실패를 두려워하며 성공한 사람은 단 한 명도 존재하지 않는다. 그렇게 보면 성공하고 싶은 사람들은 어차피 실패를 무조건 경험하게 되어있다는 얘기가 된다. 그렇기에 무언가를 실천함에 있어서 더욱 두려움을 느낄 필요가 없어지는 것이다. 뿐만 아니라, 무언가를 실천한다는 것은 이미 남들과는 차별화된 당신만의 브랜드를 만들어내기 시작했다는 증거이다. 결과가 좋으면 좋은 대로, 나쁘면 나쁜 대로 얻는 것이 생기는 것이다.

설령 그로 인해 손해를 입고 실패를 경험할지라도 그 안에서 생겨난 여러 가지 것들이 당신이란 브랜드를 보다 많은 이들이 열광할 수 있도록 만들어줄 것이다. 그것을 바탕으로 당신의 브랜드는 보다 강력해질 것이며, 더 큰 성공을 거두는 교두보 역할을 하게 될 것이다.

자기 브랜드를 만들고자 하는 사람이라면,

뭔가를 묻고 답을 얻는 것에 의존하지 말고

한 번이라도 더 직접 부딪히고 실천하라.

단점은 최고의 장점이 된다

3

부모 잘 만나 태어날 때부터 돈 많고, 명예도 높은 사람들이 의외로 사회적인 브랜드 영향력이 높은 곳에서 별로 보이지 않는 이유가 바로 이 때문이다. 그들에겐 대중들에게 어필할 명분도, 스토리도 많지 않다. 만약 이들 중 브랜드 마케팅에 대한 이해도가 있는 사람이라면 흔히 말하는 '금수저'로서의 삶과 정반대로 행동하는 것이 바람직하다. 사람들은 예상되는 일보다 예상되지 않는 일에 대해 더 열광한다. 예를 들어, 재벌 4세가 누구보다 힘들어 보이는 부대에 자원입대했다면 이 부분부터가 그 사람이 남들과 달리 만들어낼 수 있는 이슈 포인트가 된다.

사실 일반인들이 군대에 가는 것은 사회적으로 당연한 일이다. 하지만 사회 통념상 '잘나가는' 연예인들이나 재벌가의 자녀들은 군대에 가는 일이 많지 않다는 것은 공공연한 사실로 인식된다.

'군입대'라는 명제를 두고 재벌가와 평범한 사람, 어느 쪽에 대입을 시키느냐에 따라 특별한 이슈가 될 수 있고, 특별하지 않은 이슈가 될 수도 있다. 재벌가의 자녀가 타인들보다 제대로 군 복무를 마친다면, 이 사람은 평범한 군 입대 스토리만으로도 훌륭한 이슈를 이끌어내는 특수한 상황을 만들어낼 수 있다.

실제로 S그룹의 재벌 3세는 여성임에도 전방에서 장교 복무를 자원해 수행함으로써 긍정적인 여론을 형성했다. 이런 여론들은 S그룹의 전반적인 브랜드 이미지에도 도덕적인 이미지를 가져다 주었다.

① 재벌가의 자녀들은 제대로 된 군 복무를 받지 않는다는 사회적 인식 → ② 재벌가 자녀임에도 여군 장교로 자원입대한 사실 → ③ 오너 일가의 올바른 자녀 교육 방식 → ④ 오너 일가의 올바른 가치관 → ⑤ 오너 일가의 도덕적인 기업 운영

이러한 순서를 거쳐 상기한 이미지가 기업 브랜드에 투영되는 것이다. 결과적으로 소비시장에서 '믿고 거래해도 되는 기업'이라는 신뢰도가 생겨난다. 결과는 어떨까? 믿고 살 수 있는 기업과 그렇지 않은 기업을 두고 어느 쪽 제품이 더 팔릴지 생각해보면 답은 간단하게 나온다. 같은 주제라도 기업이나 제품에 어떤 브랜드가 형성되어 있는지에 따라 결과가 확연히 다르다.

마케팅에서 가장 위협적인 무기는 직접적인 경험을 바탕으로 한 '스토리'다. 당신이 지금 당장 겪게 되는 실패라도 이것이 당신만의 이야기가 된다면 또 하나의 경쟁력으로 써먹을 수 있다는 사실을 명심하자. 몸은 성인이 되었지만, 정신 연령은 그대로 어린아이에 머문 베이브 루스Babe Ruth를 미국 최고의 야구선수로 만들어낸 그의 아내 클레어 호지슨Claire Hodgson은 이렇게 말했다.

"절망적인 상황은 없다. 절망적인 사람만 있을 뿐이다."

당신의 '실패 스토리'는 또 다른 성공을 낳는 비밀병기가 될 수 있다. 실패하여 인생이 좀 고달파질지언정 마케팅적으로는 아주 훌륭한 포인트를 만들어내는 것이다. 자, 그럼 이렇게 만들어진 포인트(경쟁력)가 콘텐츠화되고 노출되어 개인브랜드가 만들어졌을 때 얻게 되는 궁극적인 이득은 무엇일까? 다음 장에서 설명하겠다.

마케팅적 관점으로 봤을 때

가장 큰 단점은 가장 큰 장점이 되기도 한다.

안정적인 삶을 원하는 당신, 자기 브랜드를 개발하라

4

삶은 항상 리스크의 연속이다. 아무리 계획적인 삶을 사는 사람일지라도 예측하지 못한 변수로 인해 목표 달성에 실패하거나 안정적인 삶이 불안정해질 수 있다. 나만 잘해서 잘 되는 세상이라면 이런 일이 없겠으나, 때때로 우리 인생은 타인으로 인해 방향이 달라지거나 생각하지 못한 고난을 겪게 되는 일이 부지기수다.

일반적으로 직장인이든 사업가든 종사하던 사업장이 문을 닫아버리는 순간 경제적인 고난의 소용돌이 속에 빠지게 된다. 문제는 사업장들이 문을 닫는 경우의 수가 너무 많다는 것인데 국제무역 상황이나 정치, 사회적인 이슈 등으로 발생한 문제들은 개인의 노력으로 손쓸 방법이 없다. 대표적으로 개성공단 사안만 보더라도, 정권이 바뀜에 따라 생겨나는 북한에 대한 정책 기조 변화가 공단 내 기업들의 명운을 쥐고 흔들 만큼 다양한 문제를 야기

시킨다. 개인의 노력으로 어떻게 할 수 없는 문제이다.

하지만 이런 경우에도 해당 분야에서 내 이름값이 튼튼하게 잘 형성되어 있다면, 모든 경우에서 리스크를 보완할 수 있게 된다. 회사가 망해도 나를 데려가려는 회사들이 줄을 설 것이고, 사업이 망해도 컨설턴트나 출판, 강연 등의 개인 활동을 통해 얼마든지 재기가 가능해진다. 스팀청소기로 유명한 '한○○ 스팀청소기'가 시장에서 사라지더라도, 사장이었던 한○○ 씨가 스팀청소기 전문가라는 사실은 변치 않는 사실이다. 사회적, 도덕적으로 큰 물의만 일으키지 않는다면, 취업을 하든 사업을 하든 리스크의 연속인 인생에서 내 이름값을 만드는 일은 그냥 응당 해야 하는 일 중의 하나인 것이다.

사업을 하는 사람이라면 개인브랜드는 선택이 아닌 필수가 된다. 물론, 내가 가진 역량이나 사업 형태가 남들과 비교해 압도적으로 나은 수준이라 100년 이상은 족히 버틸 수 있을 것 같은 확신이 있다면 얘기는 다르다. 하지만 생각해보자. 자산가치 수천억을 호가하던 수많은 기업이 50년도 못 버티고 무너진 사례가 허다하다. 역사적으로 살펴봐도 100년 이상 이어온 기업은 몇 개 되지 않는다.

그런 와중에 '내가 하는 사업이 무조건 100년은 버틸 수 있다!'라고 믿는다면 자신감을 떠나 자만이 된다. 무너진 기업의 오너들 중 누구도 무능했던 사람은 없을 것이다. 사업을 하며 해야 했던 수많은 선택들 중 단 한 번, 딱 그 한 번의 선택으로 기업은 얼마든지 점프 업 할 수도 있고, 반대로 휘청일 수도 있다. 이런 것을 잘 알고 있는 사업가들은 항상 그 자리에 안주하려 하지 않는다. 가장 잘나갈 때가 가장 위험한 때라는 것을 깨닫고 항상 '혁신'을 외친다.

일찍이 성공을 마주한 CEO일수록 개인브랜드의 중요성을 잘 깨닫고 있다. IT 기업으로 성공 신화를 거둔 많은 회사의 젊은 CEO들이 왜 바쁜 시간을 쪼개어 원고를 써서 책을 출판하고 강연회를 열고 방송에 출연하고 언론사 인터뷰에 응할까? 그들은 '자신의 가치가 커질수록 기업의 가치가 커진다'라는 사실을 잘 알고 있다. 한 가지만 잘해도 성공하던 시대는 진즉에 지나갔다. 현시대를 똑똑하게 사는 사람일수록 메인 비즈니스를 떠나 수많은 보험을 들어놓는다. 그 보험이란 진짜 보험 상품을 얘기하는 것이 아니라 메인으로 하는 일이 잘 안 됐을 경우를 대비한 차선책을 말하는 것이다.

절대 없어질 리 없고, 절대 배신당할 리 없고, 외부에서 영향을 받았을 때 무엇보다 빠른 대처가 가능해야 할 그 보험은 바로 '나' 자신의 '이름값'을 만드는 일이다. 나 자신이 브랜드가 되어 이름값의 가치가 높아진다면 노력 여하에 따라 쏟아져 들어오는 기회의 양이나 수익이 다르다. 세상에서 가장 쓸데없는 걱정이 연예인 걱정이라는 말이 있듯, 한 번 형성된 나의 이름값은 내 평생에 걸쳐 반영된다.

특정 분야의 대표성을 띤 나만의 개인브랜드를 갖게 된다면 수

억 원대의 사기를 당하든, 천재지변으로 재산상의 손해를 입든 그렇지 못한 사람에 비해 입는 데미지 자체가 훨씬 적다. 이유는 간단하다. 얼마든지 다시 벌어들일 기회가 열려있기 때문이다.

개인브랜드가 만들어지면 수익구조가 다양해진다. '확실한' 브랜드는 사람에 대한 '확실한' 신뢰를 가져다주기에, 사회 각계각층 다양한 분야에서 나의 이름을 필요로 하게 된다. 한 예로 유통에는 OEM이라는 상품 개념이 있다. 짧게 설명하면, 공장에서 아무 브랜드 없이 만들어낸 제품을 저렴한 가격으로 사와 내가 브랜드를 만들어 상품을 비싸게 파는 방식이다. 한마디로 공장에서 만든 제품이나, 브랜드가 개발되어 스티커가 붙어 있는 제품이나 실은 둘 다 똑같은 제품이라는 뜻이다. 제품은 같지만, 가격은 다르다. 많게는 수십 배까지 차이 나게 된다.

쉽게 생각해서 하얀색 면 티셔츠에 부메랑 마크가 '있고, 없고'에 따라 가격 차이가 얼마나 나게 되는지를 생각해보면 된다. 현재는 개인브랜드를 가지고 OEM 제품을 생산하는 시대이다. 공장에서 잘 만들어진 김치를 매입해서 유명한 셰프Chef의 이름을 박아 제품을 출시하면 가격이 몇 배가 뛰어도 불티나게 팔린다. 즉, 특정 분야에 제대로 된 이름값만 가지고 있어도 사업은 '내 이름을 필요로 하는 누군가'가 다하고, '나'는 편안히 브랜드 로열티만 받아가며 먹고사는 것도 가능한 시대라는 이야기다.

놀면서 돈 버는 것은 누구나 꿈꾸는 삶 아닌가? 예전에는 연예인이나 가능했던 일들이 1인 미디어 시장이 발달함에 따라 인플루언서 시장이 팽창하여 요즈음엔 일반인들도 충분히 노릴 수 있는 일들이 됐다. 나는 그래서 흔히들 말하는 '개천에서 용 나지 않는 시대'라는 말에 절대 동의할 수 없다. 안타까운 것은 이런 사실들을 알면서도 실천하지 않는 사람이 대부분이라는 것이다.

앞서 언급했듯 개인브랜드를 만들면 '안정적인 삶'이 보장된다. 브랜드는 시간이 지날수록 가치가 커진다. 5년 된 뼈다귀해장국 집보다 40년 된 뼈다귀해장국 집의 장사가 더 잘되는 이유이다. 제대로 된 브랜드를 만드는 데 성공할 경우, 시간이 지날수록 당신은 특정 분야의 대표성을 띠게 될 것이다. '대표성을 띤다'는 의미는 뭘까? 관련 일이 앉아만 있어도 넘치게 들어온다는 뜻이다.

나는 강연 때 주로 '총소득보다는 시간당 소득을 늘려야 한다'라고 조언한다. 세계 최고의 부자 반열에 올라선 사람들이 공통적으로 하는 말이 있다. '돈을 벌려면 시간에서의 자유를 찾는 것이 먼저'라는 것이다. 같은 일을 하더라도 시간당 소득을 올린다면 실질적인 시간적 자유를 얻을 수 있다. 예를 들어 시간당 10,000원을 버는 사람이 시간당 100,000원을 벌 수 있게 된다면 기존 소득을 유지하며 10배 이상의 시간을 유지하는 것이 가능하다. 이것을 가능케 해주는 것이 바로 '개인브랜드'이다.

이것은 매우 중요한 문제이다. 삶을 영위하는 데 있어 먹고사는 문제가 해결되지 않으면 어떠한 일도 할 수 없다. 많은 사람을 만나야 다양한 기회가 생겨나는데 사람을 만날 시간이 확보되지 않으니 어쩔 수 없이 경주마처럼 눈앞의 삶에만 집중하게 된다. 그렇게 나이가 들어 뒤를 돌아봤을 때 흔히들 이런 후회를 한다. '아, 그때 그 일을 해야 했는데' 하고 말이다.

안타까운 것은 대부분의 삶에서 이런 악순환의 굴레가 반복된다는 것이다. 이런 연쇄를 막기 위해 자신의 개인브랜드 가치를 시장에서 인정받아야 한다. 시장에서 인정받은 개인브랜드는 자신의 시간당 소득을 늘려 많은 일을 할 수 있는 시간이 확보되고, 그 안에서 또 다른 기회를 얻어가며 부를 재창출한다. 이렇게 반복되는 상황 속에서 당신이 원하는 성공의 모습을 그려내는 것이 용이하다. '선순환의 굴레'가 되는 것이다.

서두에 적었듯, 창업은 어렵고 취업은 힘들다. 하지만 세상 일 중 어렵지 않고, 힘들지 않은 일 또한 없다. 원래 삶이 어렵고 힘든 것이라 가정한다면, 그것을 해결하려 노력하는 과정에서 노하우가 생겨난다. 나는 그 해답을 개인브랜드에서 찾아냈다. 중요한 사람을 만나는 것, 사업을 확장하는 것, 시간적 자유를 얻어내는 것, 소득을 늘리는 것, 이 모든 것은 세상 속에 당신이라는 브랜드를 확실히 각인시키는 것부터가 시작인 셈이다.

당신이 만들어낸 당신의 브랜드 가치는 어렵고 힘든 세상에서 당신이 하는 모든 일을 비교적 쉽게 만들어준다.

그래서,
대체 브랜드라는 게 뭔데?

5

본격적인 이야기를 시작하기 전에 '브랜드'가 무엇인지부터 정의 내려보겠다. 일반적으로 시장에서 일컬어지는 브랜드란, 판매자들이 자신들의 상품이나 서비스를 경쟁자들의 상품, 서비스와 차별화하고 식별시키기 위해 사용하는 독특한 이름이나 상징물을 뜻한다. 이외에도 국내 상표법에 따르면 브랜드란 문자, 도형, 입체적 형상 등 이들을 결합한 것과 이들의 색채를 결합한 것을 의미한다. 무언가 잡힐 듯 잡히지 않는 그런 느낌이다.

쉽게 풀어 말하자면, '브랜드란 어떠한 것을 대신하여 그것을 식별해주는 일종의 장치'라고 할 수 있겠다. 마케팅이나 광고학을 잘 살펴보면 이 '브랜드'란 요소는 모든 마케팅 전략의 기본이자 목표가 된다. 마케팅의 사전적 정의가 '소비자에게 서비스나 물건 등을 판매하고자 할 때까지의 모든 과정이 포함되어 있는 경영 기획 활동'이라는 점을 감안한다면 '브랜드'는 마케팅 활동의 구심점 역할을 하는 셈이다.

자본주의 시장에서 '브랜드'는 곧 가치이고 영향력이다. 2,700원짜리 일반 면 티셔츠에 나이키 부메랑 로고 하나가 박히는 순간 35,000원으로 뻥튀기되어, 무려 10배가 넘는 가치를 지니게 된다. 같은 시간, 같은 공장에서 만들어진 같은 티셔츠임에도 말이다. 과학기술의 발달로 인해 제품의 기술적 차이가 거의 없어진 현대에서, 사람들은 물건이 아닌 그 물건에 담긴 '가치'를 구입한다. 그것이 바로 당신이 어떠한 물건을 사기 전에 제품에 어떤 상표가 붙어 있는지부터 확인하는 이유이다. 기술력은 기본이고 물건을 사는 이가 정서적인 만족감까지 느낄 수 있어야 '좋은 제품'이 되는 시대가 도래했다.

누구나 예상하듯 가치를 만든다는 것은 참 힘든 일이다. '가치'란 주로, 어떠한 대상이 가지고 있는 중요성이나 쓸모를 뜻한다. 즉, 브랜드 전략은 내가 가진 '무언가'를 소비자들로 하여금 '매우 중요하고도 쓸모 있게' 만드는 전략이라고 볼 수 있다. 이는 무에서 유를 창조해내는 과정이라고도 볼 수 있기에, 기획자들의 높은 정신적 고통을 담보로 한다. 아무리 예쁘고 좋아 보이는 '무언가'를 만들었다고 해서 세상 모든 사람들의 눈높이를 충족한다는 것은 있을 수 없는 일이기 때문이다. 브랜드를 만드는 사람이라면 단순히 오감에서 오는 본능을 자극하는 것에 그치지 않고, 그들을 진정한 의미에서 '납득'시킬 수 있어야 한다.

이런 이유로 브랜드를 만드는 일을 하는 사람이라면 응당 '사람'에 대해 누구보다 잘 알아야 한다. 사람에 대해 잘 모르는 이가 그들을 납득시킬 수 있을 만한 '가치'를 만들어내는 것이 가능할 리가 없지 않은가. 그래서인지 브랜드와 관련되어서는 광고나 마케팅 이론도 중요하지만, 오히려 심리학과 관련된 지식이 깊은 사람일수록 좋은 브랜드 전략을 구축하는 것을 종종 목격할 수 있다. 단언컨대, 자신의 브랜드를 만들고자 하는 사람이라면 심리학을 공부하는 것이 필수요건이다.

나는 평소 사업과 장사의 차이를 브랜드 활동의 차이로 두고 있다. 사업의 모든 방향이 '지금 당장'에 향해 있다면 '장사'이고, 더 큰 그림을 향해 단계를 밟아 가고 있다면 '사업'이라고 생각한다. 사업을 하다 보면 다양한 회사들의 다양한 사람들로부터 많은 제휴 제안을 받게 되는데, 제안을 주는 이들 중엔 이미 수십, 수백억의 자산가들도 있고 생계유지가 어려울 만큼 자금난을 겪고 있는 회사들도 존재한다.

이때 내가 마케팅 투자를 결정하게 되는 가장 큰 요소는 현재의 수입 규모가 아니다. 당장 수익이 적은 회사라 할지라도 자신들이 추구하고자 하는 바를 제대로 녹여 브랜드를 만들어가는 회사가 더 매력적으로 다가온다. 신기하게도 이들에 대한 투자 결과 또한 대부분 긍정적으로 나타났다.

어차피 우리 삶 속 모든 일엔 리스크가 있고 굴곡이 존재한다.

공든 탑이 잘 무너지지 않듯이, 제대로 만들어낸 브랜드 하나는 모든 상황을 순식간에 역전시키는 힘을 가지고 있다. 10일 동안 죽도록 고생하여 1,000원짜리 티셔츠 100장을 팔아 얻을 수 있는 수익이 10만 원이라 가정하고, 9일 동안 브랜드를 열심히 만들어 10일째 되는 날 같은 티셔츠를 10만 원에 1장만 팔 수 있다고 한다면 어차피 결과는 같아진다.

이는 당장의 수익만 두고 말하는 것이 아니다. 1,000원짜리 티셔츠를 가지고 10만 원에 팔 수 있는 브랜드 가치를 만들어냈다면 당장 눈앞의 수익 이외에도 '시간'이라는 금광을 얻게 된다. 세계의 수많은 부호들이 주장하는 내용처럼, 돈을 잘 버는 사람들에겐 그야말로 '시간'이 돈이다. 1,000원짜리를 10만 원짜리로 만들 수 있는 능력자들은 무슨 물건을 가져오든 그것에 가치를 부여하여 같은 물건을 훨씬 비싼 가격에 팔 수 있는 노하우를 지니게 된다.

무엇이든 처음이 어려운 법이지 두 번째는 상대적으로 수월하다. 성공적으로 브랜드 가치를 만들어낸 이들에게 시간이 확보되는 순간 그들은 두 번째, 세 번째 브랜드를 만들어 꾸준하게 시간당 수익을 증대시켜나간다. 이 구간부터 부를 축적하는 수준 자체가 다르다. 성공적인 브랜드를 안착시키기까지 많은 고통과 시련을 감내해야겠지만, 이 산을 딱 한 번만 넘으면 고생의 가치를 이자까지 쳐서 톡톡히 받아낼 수 있다.

뿐만 아니다. 시장에서 브랜드를 안착시켜 성공을 거두어본 이들은 브랜드 가치 창출의 특별한 노하우를 얻게 된다. 이들은 벌어들인 수익으로 만들어놓은 브랜드에 재투자할 수도 있고 그 비용으로 또 다른 브랜드를 만들어낼 수도 있다. 강조하지만 시장에 좋은 제품은 차고 넘친다. 좋은 제품을 만드는 것은 기본이고, 그 제품에 어떤 가치를 입혀내느냐가 관건이다. 이런 과정을 통해 결국 누구나 꿈꾸는 돈이 돈을 버는 상황이 펼쳐진다.

다만, 그만큼 행하기가 쉽지는 않다. 브랜드를 만들기 위해 상당한 시간과 노력을 들여야 한다. 그렇기에, 사람들은 시도조차 하지 않고 당장 팔려나가는 1,000원짜리 티셔츠를 열심히 파는 데에 집중한다. 그렇게 시간이 흐르고 돌아봤을 때 우리는 너무나 많은 것을 놓친 걸 깨닫게 된다. 특히 신체적인 노화는 과학의 발전으로도 완벽히 막을 수 없다. 나이를 먹을수록 사회적 체면을 생각하게 되고 지켜야 할 것들이 많아져 결국 꿈도 희망도 모두 버리고 당장 눈앞의 티셔츠를 파는 데 집중할 수밖에 없다.

별것 아닌 것 같지만 현대사회에선 '브랜드'를 잘 만들어내는 사람일수록 원하는 부와 명예를 얻는다. 그것이 제품이든, 서비스든, 개인이든, '시간에 대한 자유 확보' 이것이 바로 우리가 브랜드를 만드는 활동에 '올인'해도 괜찮은 이유이다.

자본주의 시장경제 체제에서 브랜드는 곧 가치이며,
부의 지름길이다.

개인브랜드 만들기, 제대로 알고 시작하자

6

브랜드에 대해 개괄적으로 다뤄봤으니, 이제 개인브랜드에 대해 본격적으로 이야기해보겠다. 개인브랜드란 과연 무엇일까? 개념은 간단하다. 브랜드의 주체가 제품이나 서비스가 아닌 사람이 되면 된다. 사람이 가진 재능이나 장점을 상품화시켜 '그 사람 자체'를 어떠한 분야의 대표성을 띠도록 만들어 고객에게 신뢰를 주는 것. 이것이 바로 퍼스널 브랜드의 본질이다.

앞서 언급했듯 비즈니스에 있어 브랜드는 곧 경쟁력이 된다. 이런 경쟁력은 어떠한 경쟁에서도 유리하게 만들어주며 때론 직접적인 비즈니스 활동 없이도 내가 가진 서비스나 물품을 구매하도록 만들어주는 압도적인 힘을 제공한다. 예를 들어, 역사 공부가 필요한 학생이 '역사 수업'이라는 서비스를 제공 받기 위해 망설임 없이 '설민석' 강사를 찾게 되는 것처럼 말이다.

그렇다면 '나'에 대한 경쟁력 있는 브랜드를 만들기 위해 우린 가장 먼저 무엇을 해야 할까? 혹자는 말한다. 그 사람에게 어울리는 색깔, 그 사람에게 어울리는 패션, 화술 등이 제대로 된 퍼스널 브랜드의 시작이라고. 또는 그 사람이 가진 학벌, 스펙 등 외적인 요소가 퍼스널 브랜드의 시작이라고 주장하는 사람도 있다. 하지만 직접 퍼스널 브랜드를 발굴 기획하고 내 삶에 적용시켜 본 당사자 입장에서, 퍼스널 브랜드의 시작은 '나' 자신의 본질을 깨닫는 데에 있다고 장담한다.

현장에서 다양한 사람을 만나 코칭을 하다 보면 '퍼스널 브랜드'에 대한 오해를 가진 경우가 많다. 실제로 나를 만나러 온 상당수의 사람들은 퍼스널 브랜드를 키우고 싶다며 인지도나 유명세를 중심으로 방법론적인 것을 질문한다. 백번 천번 강조하지만 잘못된 접근 방식이다. 나를 포장하고 싶으면 '나'를 먼저 알아야 한다. 초콜릿에 사탕 포장지를 여러 겹 포장한다고 해서 초콜릿이 사탕이 되진 않는다. 포장지에 속아 그 초콜릿을 구입한 고객은 입에 넣자마자 사탕임을 알게 되고, 더 이상 해당 브랜드 제품을 재구매하지 않을 것이다.

개인브랜드는 연속되고 지속적인 모습이 일관되게 나타나야 한다. 다양한 속임수로 한 번 정도 상품을 파는 것은 누구나 가능한 일이지만 재구매가 일어나지 않는 이상 그 상품의 브랜드 가치는 커지지 않는다. 이처럼 본질을 먼저 제대로 파악하고 그것에 맞는 껍데기를 씌우는 것이 중요하다.

개인브랜드에서는 내가 곧 상품이다. 어떤 것이 좋은지, 나쁜지, 시장성은 어떤지, 타사 대비 내가 가지고 있는 경쟁력은 무엇인지를 파악하는 과정 없이 경쟁력 있는 상품을 만든다는 것은 전쟁터에 나간 군인이 총 쏘는 법을 모르는 것과 다를 바 없다. 아무리 뛰어난 마케터라도 상품에 대한 정보 없이 훌륭한 전략을 세우는 건 불가능하다. 당신만의 브랜드를 만들고자 하는 사람이라면 광고비나 마케팅 비용 투자에 집중하지 말고, 그 전에 당신이 어떤 사람인지, 어떤 상품성을 지니고 있는지, 어떤 경쟁력을 지니고 있는지 알아내는 데 온 신경을 쏟아야 한다.

결국, 좋은 브랜드를 만들려면 주체가 가지고 있는 '본질'에 주목해야 한다. 제품이라면 제품력이 기본이 되어야 하고, 사람이라면 가지고 있는 실력이 담보돼야 한다. 기본도 갖춰져 있지 않은 상태에서 있지도 않은 사실을 만들어내거나 얼토당토않은 이야기를 만들어 이슈를 끌려 한다면, 조금이라도 원래 가지고 있던 본질이 드러나는 순간 모든 게 끝나버린다.

방송이나 인터넷 등에서 엄청난 맛집으로 소개되어 승승장구하던 식당들이 하루아침에 폐업해버리는 일들이 비일비재한 이유가 여기에 있다. 그들이 한 가장 큰 실수는 손님을 끌 수 있는 광고 전략을 세우기 전에 찾아온 손님들이 다시 찾아올 수 있도록 만들 수 있는 '맛'에 집중하지 않은 탓이다. 다 제쳐두고 식당은 일단 맛있어야 한다.

'나를 나로서' 표현하지 않는 순간, 질 것이 뻔한 게임을 시작한 것과 마찬가지이다. 다시 한번 강조하지만, 퍼스널 브랜드에서 가장 중요한 것은 먼저 '내가 누구인지 아는 것'이다. 내가 어떤 성향의 사람인지, 어떤 강점이 있는지, 어떤 것을 중요하게 여기는지 정확히 알고, 이와 관련된 전략을 짜고 움직이는 데 모든 노력을 다해야 한다. 무엇이 내 인생에 있어서 목표점인지 명확하게 그려내고 그것을 향해 달려가야 한다.

물론 자기 자신을 안다는 것은 무척이나 힘든 일이다. 나 자신을 제대로 알려면 본질을 꿰뚫어 볼 수 있는 통찰력을 지니는 것이 필수이다. 통찰력을 바탕으로 제3자 입장에서 판단할 수 있는 합리적 사고가 필요하다. 하지만 통찰력과 합리적 사고는 쉽게 얻어지는 것이 아니다. 이런 능력을 갖추려면 어떻게 해야 할까? 딱 한 가지 방법이 있다. 바로 많은 '경험'을 쌓는 것이다.

개인브랜드는 타인에 의해

인정받고 인정하는 사람들이 많아질수록

그 영향력이 증대되는 속성을 지닌다.

나를 찾는 기술, 경험에 질문하라

7

사람들은 누구나 경험이 중요하다고 얘기한다. 하지만 경험이 왜 중요한지에 대해 설명해주는 사람은 많지 않다. 우리 인생은 평생에 걸쳐 순간순간 선택에 놓이게 된다. 어떤 회사에 입사해야 할지부터, 사소하게는 오늘 점심에 무엇을 먹을지까지. 사람은 항상 선택의 연속 안에 놓여있다. 이때 어떤 선택을 하느냐에 따라 그다음 내 삶에 다양한 영향을 받게 된다.

예를 들어 학창 시절 때 각종 수학경시대회와 올림피아드를 휩쓸며 수학천재 소리를 들었던 내 초등학교 동창은 대학교까지 쭉 이공계열을 전공했다. 그러다 스무 살 때 우연히 아르바이트로 시작했던 PC방 일이 마음에 든다며 PC방을 창업했다. 모든 이들이 수학교육자가 될 것이라고 예상했던 친구였기에, 소식을 처음 접한 당시엔 꽤 큰 충격으로 다가왔다. 만약 그 친구가 PC방 알바가 아니라 당시 시작했던 일이 수학학원 강사였다면 어땠을까? PC방이 아니라 수학학원을 차렸을지도 모르는 일이다.

이처럼 인생의 작은 선택들이 모여 현재를 만들어낸다. 만약 이 책을 읽는 분들 중 내가 지금 자신의 사는 모습이 만족스럽지 못한 사람이 있다면, 그 사람의 현재는 그간 해왔던 잘못된 선택들에 의해 만들어졌을 가능성이 크다. 어떤 선택을 할지 기준점이 되는 것이 바로 자기 주관이다. 자기 주관이 뚜렷한 사람은 무언가를 선택할 때 후회가 없다. 후회라는 것은 인생에 대한 '태도'로 만들어지는 것이기 때문에 흔히 자기 주관이 뚜렷한 사람들은 후회될 결과가 나오더라도 후회한다고 생각하지 않는다. 그렇기에 그들은 실제 후회할 만한 결과가 나온 일일지언정 실제로 후회하는 경우가 극히 드물다.

이런 자기 주관은 소신, 가치관 등으로 만들어진다. 경험은 바로 이런 소신과 가치관 등을 형성하는 토대가 된다. 그래서 경험이 중요한 것이다. 많은 사람이 '경험을 쌓고 싶으면 책을 많이 읽어야 한다'라고 한다. 아이러니하게도 어떤 책들은 '이제 그만 책을 덮고 나아가서 일단 행동하라'라고 한다. 이렇게 되면 한쪽은 책을 읽으라 말하고, 한쪽은 이제 그만 책을 덮고 행동하라고 말하는 모순된 상황에 놓인다. 도대체 무엇이 맞는 얘기일까? 정답은 없다. 중요한 것은 책을 보고, 안 보고의 문제가 아니라 내 생각과 맞는 내용을 찾은 뒤 그것을 직접 실천하는 것이다.

물론 누구나 그렇듯 처음 시도하는 일은 어렵고 더디다. 우리가 흔히 '실패를 두려워하지 말라'고 말하는 것도 바로 이 부분에 적용되는 경우다. 실패를 두려워하지 않아야 한다. 어떤 내용이 있다면 아주 큰 리스크를 담보하지 않는 이상은 무조건 자기 스스로 실천해보고, 그것이 내 인생에 어떤 결과를 가져왔고 어떤 득과 실을 가져다주는지를 매 순간 몸소 기억해야 한다. 우리는 그것을 경험이라 칭한다.

우리는 이러한 경험들에 대해 끊임없이 질문해야 한다. 그 경험을 통해 한 것만으로 의미를 두지 말고, 무엇이 뜻깊었는지, 무엇이 힘들었는지, 항상 본질의 경험에 대해 질문하고 답해야 한다. 사실 세상에서 제일 힘든 일 중 하나가 내가 누구인가에 대한 문제이다. 주변에서 해주는 이야기들, 부모 형제가 해주는 이야기라도, '나'라는 사람에 대해서 정확히 파악하는 것은 나 스스로뿐이 없다. 여러 가지 경험을 통해서 질문하고 얻은 답을 토대로 내가 어떻게 보이는 것을 좋아하는지, 어떤 목표를 가지고 있는지, 어떨 때 행복감을 느끼는지, 이러한 부분들에 대해 끊임없는 성찰이 일어나야 한다.

물론 사람 생각이 항상 같을 수는 없다. 스스로에 대한 질문과 답변도 상황에 따라 바뀔 것이다. 그래서 최대한 많은 상황을 경험하고 비슷한 대답을 내놓는 부분을 어떤 내용인지에 대해 구체적으로 파악해야 한다. 아마도 비슷한 상황에서 비슷한 질문을 했을 때 비슷한 답변이 나온다면 그 부분에 대한 나라는 사람에 대해 입장이나 생각은 명확할 가능성이 크다. 이렇게 얻어낸 수많은 공통된 대답들을 찾아내고, 그렇게 도출된 내용들이 내가 살아가고자 하는 인생 방식과 비슷하거나 맞아떨어진다면, 그것이 바로 당신이 브랜드화 시켜야 하는 당신이라는 사람의 본질적인 가치이다.

사실 나는 어렸을 때부터 딱히 정해진 꿈은 없었다. 주변 어른들이 항상 대통령을 하라고 말했기에, 내 모든 학생기록부의 꿈은 대통령으로 기재되어 있다. 나는 당시 내 인생의 목표가 대통령이라고 생각했다. 하지만 여러 가지 경험과 나 스스로에 대한 끊임없는 질문을 통해 어떠한 지위가 아닌 단지 내 힘으로 누군가를 도왔을 때, 그리고 그 도움을 받은 누군가가 고마워하고 행복했을 때 큰 성취감을 느낀다는 것을 발견했다.

이런 내용은 진로 탐색과도 어느 정도 연결이 되는데, 사실 내가 발견해낸 내용만으로는 어떤 직업을 선택해야 하고 어떤 진로를 가져야 할지에 대한 색깔이 분명하지 않았다. 하지만 나는 내가 어떤 사람인지에 대해 어느 정도 정확하게 파악하고 있었기에 일단 무엇을 하든 '내 인생에 있어 모든 선택들이 타인을 행복하게 만들어줄 수 있는가'에 대한 질문으로 항시 이어졌다. 그 결과 당시에는 존재하지도 않았던 개인브랜드 매니저가 될 수 있었으며 한국사회공헌협회, 청년문화포럼 등 타인을 위한 활동을 이어나가며 개인브랜드를 어떻게 만들어야 하는지에 대한 실체적인 감각을 익힐 수 있었다.

만약 내가 어렸을 적 주변인들로부터 강요받았던 허울만 좋은 대통령이라는 사회적 지위에 눈높이가 맞춰져 있었다면, 나는 지금도 내가 누군지에 대한 해답을 찾아낼 수 없었을 것이며, 지금의 나 또한 존재하지 않았을 것이다. 나는 나를 발견하기 위해 끊임없이 경험했고 그 경험에 질문했다.

만약 이 책을 읽는 누군가가 영향력을 지닌 높은 개인브랜드를 가지고 있는 사람이 되고자 한다면, 여러 경험을 통해 당신이 누군지, 무엇을 좋아하는지, 무엇을 잘하는지, 어느 길로 가고 싶은지에 대한 진짜 나를 찾는 일부터 하길 바란다.

내가 가지고 있는 생각과

가야 하는 일에 대한 확신이 생긴 후,

나머지 마케팅 활동에 전념해야 한다.

인생에서 '진짜 자유'를 획득하라

8

브랜드를 '가치 창출'로 표현한다면 개인브랜드는 곧 인생의 '주도권'을 스스로 쟁취하는 것이다. 탄탄한 개인브랜드는 당신이라는 가치를 높여, 수많은 기회를 제공해줄 것이다. 이러한 기회들은 부로 연결되어, 자연스럽게 당신이 창출해낼 수 있는 시간당 수익의 증대로 이어진다. 시간당 수익의 증대를 통한 부의 축적은 당신을 '시간'으로부터 자유롭게 한다. 즉, 일하고 싶을 때 일하고, 쉬고 싶을 때 쉴 수 있는, 인생의 진정한 자유를 만들어준다.

대한민국 사회에서 모든 이들은 자유롭다. 적어도 형식적으로는 그렇다. 하지만 조금만 들여다보면 대부분의 사람들은 자유를 박탈당한 채 살아가고 있다. '자유'의 사전적 의미는 '남에게 구속을 받거나 무엇에 얽매이지 않고 자기 마음대로 행동하는 일'이다. 자유로워지려면 기본적으로 남에게 구속받거나 얽매이지 않아야 하는데, 실질적으로 그렇게 사는 이들은 많지 않다.

가장 중요한 인간의 욕구 중 하나가 '식욕'이다. 먹고사는 것이 해결되지 않는 이상 아무것도 생각할 수 없다. 그래서 우리는 기본적으로 끊임없이 '돈'을 벌어야 하며, 돈을 벌려면 사업이든, 취업이든 일을 해야 한다. 사업은 둘째 치고 취업을 하는 경우 결코 자유로울 수 없다. 일정 시간 일정한 공간에서 일정한 일을 수행해내야 다음날을 기약할 수 있기 때문이다.

월급은 당신의 시간을 담보로 받게 되는 일종의 '족쇄'이다. 단순히 '사업이 좋다', '취업이 좋다'의 문제를 떠나 어느 조직에 속하는 순간 당신 인생에서 주말을 제외한 나머지 시간에 대한 자유를 박탈당한다는 것이 사실이다. 우리가 간과하지 말아야 할 것은 우리에게 주어진 시간이 '유한'하다는 사실이다. 고정적인 수입은 지금 당장의 삶을 보다 안정적이고 풍요롭게 만들어줄 수 있으나, 그로 인해 당신 인생에 주어진 유한한 시간의 일정 부분이 소비되고 있음을 인식해야 한다.

누구나 자유를 꿈꾸지만, 누구나 자유로울 수는 없는 이유가 바로 여기에 있다. '월급'이란 족쇄가 걸려버리는 순간 당신의 인생은 타인에 의해 통제받는다. 많은 직장인들이 조직에 불만을 갖거나 회사를 욕하는 이유도 이런 점에 기인한다. 바로 당신의 자유로움을 통제하기 때문이다. 결국 큰 모험을 감수하지 않는 이상 남에게 구속받지 않고, 얽매이지 않아야 할 '자유'는 얻을 수 없다는 결론에 다다른다.

하지만 방법이 없는 것은 아니다. 불안한 삶 속에서 우리는 합리적이고 현실적으로 판단해야 한다. 당장 자리를 박차고 나아가 자유를 찾는다 한들 먹고사는 문제에 직면하게 된다면 그 또한 자유로울 수 없는 것도 사실이지 않은가. 그렇기 때문에 개인브랜드를 만드는 것은 자유를 찾는 삶에 있어 좋은 절충안이 될 수 있다.

발상을 전환하여 직장생활 자체를 '나'라는 개인브랜드를 만들어내는 과정이라고 생각해보자. 이렇게 되면 직장 내 승진이나 연봉협상에 목매지 않아도 된다. 채용 형태가 정규직이든 계약직이든 크게 신경 쓸 이유도 없다. 당신이 해야 하는 것은 내가 만들려고 하는 브랜드가 무엇인지 목표를 설정하고, 월급을 받아가며, 자신의 경력을 쌓아가며, 포트폴리오화 시키면 되는 문제이다. '무엇을' 하느냐보다 '어떻게' 하느냐가 중요한 이유이다.

컨설팅을 하다 보면 가장 많이 듣는 이야기들 중 하나가 "그동안 인생을 잘못 살았어"라는 푸념이다. 이들은 대부분 50대가 넘은 장년층이며 회사를 퇴직했거나 어느 정도 자산을 이뤘지만, 계속 사람이나 시간, 외부환경에 의해 자신의 삶을 살고 싶은 대로 살지 못하는 사람들이다. 안타깝지만 내가 그들에게 해줄 수 있는 말은 "지금이라도 늦지 않았습니다"라는 위로의 말뿐이다. 인생은 시기별로 해야 할 일과 할 수 있는 일이 어느 정도 정해져 있다. 시간이 지날수록 지켜야 하는 것들이 늘어나기 때문이다.

자유란 곧 행복이다. 우리는 누구나 어떠한 일에 억압받지 않아도 될 권리가 있으며 강요받을 이유가 없다. 하지만 대부분의 사람들은 그런 사실을 잊은 채 살아간다. 시간에 쫓기고, 돈에 쫓기고, 사람관계에 쫓기는 구속된 삶을 당연시 여기게 된다. 그리고 인생의 어느 순간 그간의 삶에 대한 회의감을 느끼고, 그동안 잘못 살아왔다며 후회한다.

개인브랜드는 당신의 인생에서 진정한 자유를 찾게 해준다. 당신이 일하고 싶을 때, 돈을 벌고 싶을 때, 만나고 싶은 사람을 만나고 싶을 때. 그 모든 것을 하고픈 대로 하면 된다. 이 책을 읽고 있는 당신은 스스로에게 꼭 한 번 질문해보길 바란다. 지금 현재 당신은 얼마나 자유로운 삶을 살고 있는가? 혹시 당신이 알고 있는 그 자유로움이 지난날의 시간을 저당 잡힌 채 눈앞의 쾌락만을 즐기는, 또는 하고 싶은 모든 것을 뒤로 미룬 채 오늘의 나를 포기해야 하는 그런 일들을 자유롭다고 생각하고 있지는 않은지에 대해 말이다.

강력한 개인브랜드를 만든다면
당신은 돈과 시간, 사람 등 모든 부분에 있어서
진정한 자유를 얻게 될 것이다.

Part 2

사람들은
'누구나'
돕지 않는다

First Branding

사람들은 '누구나' 돕지 않는다 1

자동차 영업, 콜센터, 보험 영업, 마케팅, 취재기자……. 20대 중반까지 이직을 13번 했다. 맞다. 이제야 말하지만 난 정말 앞만 보고 살았다. 뭘 해도 1년 이상 하는 것이 힘들었고, 돈을 벌 만하면 일이 너무 힘들어져서 그만둬버렸다. 28살까지 고졸 딱지를 떼지 못했던 나는 집안이 어려워 21살 때부터 학교를 휴학하고 휴대폰을 팔았다. 배운 게 도둑질이라고 판매직에 발을 들여놓자 나도 모르게 내 길이 정해져 버렸다. 그렇게 20대 중반까지의 너무도 소중한 시간들을 당장 앞만 보며 탕진했다. 매일매일 물건을 팔아야 했고, 실적에 시달렸지만 그래도 보상처럼 느껴지는 돈이 좋아 차마 일을 놓지 못했다.

시간이 지나고, 뒤를 돌아봤을 때 통장에 남아 있는 잔고 300만 원이 내 인생의 전부라는 것을 깨닫게 되었다. 그 시절의 나는 누구나 갖고 있다는 '학위'조차 없었다. 무언가를 바꿔보고 싶었지만 할 수 있는 게 없었다. 나에겐 돈이 없었고 돈을 벌기 위해 나에게 주어진 시간을 써야만 했다. 한 가지 위안이 되는 것이 있다면 그나마 인간관계를 잘 다져왔다는 것이었다. '착하게 살면 복이 온다'라고 하기에 열심히 타인을 도왔다. 누군가 이사할 때면 쉬는 날을 제쳐두고 찾아가 도왔고, 돈이 급한 사람들에겐 묻지도 따지지도 않고 도와주었다.

나는 이것을 일종의 '자산'이라고 생각하며, 언젠간 나에게 어떤 형태로든 이익이 돌아올 것이라 믿어 의심치 않았다. 살다 보면 가끔 술에 취해 누군가와 통화하고 싶을 때가 있다. 당시의 나는 밤늦은 시간 술에 취한 채 전화를 걸어도 반갑게 맞이해주는 사람이 족히 5명 이상은 됐다. 별것 아닌 것처럼 느껴지지만, 나에겐 인생의 자부심과도 같았다.

24살이 될 무렵 건강하던 엄마가 갑자기 뇌졸중으로 쓰러져버렸다. 사설 학점은행기관에서 야근을 하다 피곤한 몸으로 집으로 들어가던 길에 소식을 전달받았다. 미친 듯이 병원을 향해 달려갔고 식물인간처럼 눈만 껌뻑거리고 있는 엄마를 발견한 뒤 주저앉아버리고 말았다.

불행은 꼬리를 문다고 했던가? 아버지의 사업 실패로 집에 보일러조차 들어오지 않던 시기였다. 엄마는 매월 들어가는 금액이 부담된다며 잘 넣고 있던 실비보험을 정리해버린 뒤였다. 하루아침에 수천만 원의 병원비를 감당해야 하는 상황에 놓였다. 나는 그간 차곡차곡 모아놓은 쌈짓돈 300만 원을 조금의 망설임 없이 병원비로 내놓았지만, 딱 거기까지였다. 젊은 시절을 다 바쳐 모아 온 나의 전 재산은 병원 검사 몇 번에 먼지처럼 날아가버렸다.

많은 이들이 세상의 모든 엄마들은 위대하다고 얘기한다. 나는 이 얘기에 무척 동의한다. 필자의 어머니는 4킬로미터가 넘는 출퇴근 거리를 매일같이 걸어 다녔던 사람이다. 그렇게 절약된 차비로 매일같이 따뜻한 쌀밥을 지어주었다. 물론 그때까지 난 이 사실을 전혀 몰랐다. 의사 선생님이 어머니에게 병이 생긴 이유를 말해주시기 전까지 말이다.

의사 선생님은 엄마에게 뇌경색이 왔다고 했다. 과로로 인한 피로 누적, 그리고 높은 스트레스가 원인이라고 말이다. 엄마는 술을 거의 마시지 못하는 사람이다. 세상에서 담배 냄새를 가장 싫어할 만큼 담배와도 거리가 먼 사람이다. 병원에 와 있던 둘째 이모가 다가와 내게 말해주었다. 너무 힘들어서 생긴 병이라고 했다. 태어나서 처음으로 두 손으로 누워 있는 엄마 얼굴을 감싸보았다. 온몸이 굳은 채 눈만 껌뻑거리고 있는 엄마를 보자 눈시울에 눈물이 고였다. 의사 선생님은 뇌혈관이 너무 경색되어 터지기 일보 직전이라고 했다. 당장 수술을 해도 식물인간 상태에서 돌아오지 못할 수 있다는 얘기를 들었다.

절망적이었지만 감정에만 휩싸여 있기엔 상황이 너무 촉박했다. 당장 수술비가 필요했기에 아버지와 나는 평소에 인맥이라고 생각했던 이들에게 연락을 돌려 돈을 빌리기 시작했다. 그리고 사람들이 돈 앞에서 얼마나 냉정해지는지 그때 처음 체감하게 되었다. 사람들은 오랜만에 하는 통화에 반가워하면서도 돈 얘기를 꺼내면 사정이 좋지 않다며 은근슬쩍 선을 그었다. 그중에는 내가 카드값을 미뤄가며 돈을 빌려줬던 이도 있었다. 그나마 친척들과 몇몇 친구들이 병원에 찾아와 몇십만 원씩 건네주고 간 것이 큰 위안이었다.

지인들에게 돈 빌리는 것이 어렵다는 판단이 들자, 열심히 대출을 알아보았다. 안타깝게도 전부 부결이었다. 그동안 아무 생각 없이 써왔던 현금 서비스와 잦은 연체가 발목을 잡았다. 아버지 또한 무직 상태였기에 여의치 않아 보였다. 상황이 이렇게 되자 내가 그동안 자산이라고 생각하며 살아왔던 나의 인간관계에 대해 회의감이 들기 시작했다. 도와줄 땐 그렇게 '네가 필요할 때 꼭 너를 도와줄게'라고 말했던 사람들이 막상 상황이 닥치자 생각보다 냉담한 반응을 보였다.

솔직히 말해 처음엔 그들이 잘못된 것이라 생각했다. 어떻게 나한테 이럴 수 있지? 라며 도와주지 않는 그들을 비난했다. 다행히 친척들이 열심히 도와준 덕분에 위기를 잘 넘기긴 했지만, 나에겐 당시 일들이 인간관계에 대한 트라우마로 남았다. 10년이 지난 지금 돌이켜보면, 그들이 잘못된 것이 아니라 내 접근 방식이 잘못되었다는 것을 깨닫게 되었다.

내가 중요하게 여기며 살아왔던 '관계'는 '돈' 앞에서 모든 것을 덮어버릴 수 있을 만큼 대단한 것이 아니었다. 그들에게 나는 '좋은 사람'이었을 뿐, '도움 되는 사람'이 아니었던 것이다. 당시 내가 주고 있던 '도움'이란 것은 대부분 '누구나' 할 수 있었던 일들뿐이었다. 이삿짐을 날라주는 것, 힘들 때 말동무가 되어주는 것, 작은 돈을 빌려주는 등의 행위들 대부분 내가 아니었더라도 충분히 대체재가 있는 일들이었다.

정작 세상에서 가장 영리하게 써야 하는 것은 '돈'이 아니라 '시간'이었다는 것을 그때는 미처 몰랐다. 돈은 시간만 확보되면 벌 수 있지만, 시간은 돈으로 살 수 없다. 나는 20대 초중반의 시간들을 영리하게 쓰지 못했다. '좋은 사람'이었던 나는 그들의 삶에 어떠한 영향도 주지 못하는 사람이었다. 차라리 그 시간에 내 발전에 더 힘을 써서 '도움이 되는 사람'이 되는 게 맞았다. 이 사실을 깨닫기까지 10년이란 세월을 보내야 했다.

사업을 하다 보면 많은 유형의 사람들을 만난다. 10명 중의 1명 정도는 자신의 영향력을 증명하고자 첫 만남에 다양한 형태로 자신을 '과시'한다. 다른 것은 다 이해할 수 있는 범위이지만 그중에서도 '인맥'을 과시하며 이야기하는 사람들과는 비즈니스를 하지 않는 것을 추천한다. 실제로 그 사람들의 말을 믿고 무언가 일을 진행해보면, 처음과는 다르게 자랑했던 인맥에서 아무 결과도 얻지 못하는 일들이 종종 발생한다.

세상에서 가장 얻기 어려운 것이 '사람 마음'이다. 내가 단지 안다고 해서, 술자리를 몇 번 했다고 해서 곤란한 상황에 빠졌을 때 당연하게 '그 사람이 나를 도와줄 것이다'라고 생각하는 것 자체가 어폐이다. 누군가에게 아낌없는 도움을 받고자 한다면 당신 또한 그 사람에게 '도움을 주지 않으면 안 되는 사람'이 되어야 한다. 그러기 위해선 당신 아니고서는 해결 안 되는 어떠한 일이 있어야 한다. 모든 인간관계의 기본 메커니즘은 공평하다. 주는 만큼 돌려받는다. 주는 것이 특별하고 상대방에게 큰 가치를 가질수록 우리가 흔히 얘기하는 '인맥' 관계가 될 확률이 크다.

지금 당장 전화번호부를 열어 내가 알고 있는 사람들의 리스트를 정리해보기 바란다. 그동안 내가 인맥이라고 생각하며 살았던 사람들에 대해 냉철하게 생각해보길 바란다. 그리고 당신 또한 냉정하게 판단하라. 당신이 곤경에 빠졌을 때 어떤 형태로든 도우려는 마음이 없는 사람에게 당신의 시간을 낭비하지 않기 바란다. 그것을 구분하는 시간은 반드시 필요하다. 그리고 최대한 당신의 시간을 낭비하지 않도록 낭비 없는 환경을 만들어야 한다. 다시 한번 말하지만, 현실 앞에서 세상은 냉정하다. 사람들은 절대 '누구나' 돕지 않는다.

성공적인 개인브랜드를 만들기 위해

가장 먼저 해야 할 일은 당신이 만나는 사람을 바꾸는 일이다.

당신이 '누구나'가 되지 말아야 하는 이유

2

많은 사람들 사이에서 당신이 '누구나'가 되지 않기 위해 무엇을 해야 할까? 이것을 논하기 전에 당신이 사람들 사이에서 '누구나'가 되지 말아야 하는 이유부터 간단히 설명하겠다. 당장 내일 일어날 일을 완벽히 알 수 없는 것처럼, 우리 인생은 수많은 변수에 의해 다각도로 영향을 받는다. 뛰어난 통찰력과 시야를 가진 사람이라면 자기 자신에게 일어날 일들에 대해 어느 정도 가늠할 수준까지는 가능하겠지만, 그런 이들도 외부 요인으로부터 오는 모든 변수에 대처하는 것은 불가능하다.

예를 들어, 멀쩡한 주변인이 사고로 인해 목숨을 잃는다거나 잘 다니고 있던 직장에 사회, 정치적 문제가 생겨 갑자기 퇴직을 해야 되는 일이 생긴다면? 이런 것들은 내가 예측한다고 막아지는 일들이 아닐 것이다.

이해를 구하기 위해, 우리 일상 평범한 순간에 일어난 많은 변수들이 인생에 어떤 영향을 주는지 실제 일어났던 일을 예로 들어보겠다.

주간지에서 기자 생활을 하던 때였다. 당시 나는 국내 인물들의 인터뷰 소스가 떨어져 외국인 명사 위주의 인터뷰를 기획하고 있었다. 하지만 영어가 문제였다. 수능 이후 공부를 게을리한 상황이었기에 당장 영어학원 등록의 필요성을 느꼈다. 전화를 통해 상담을 받은 후 그 주 토요일에 수강신청을 하기로 했다. 그리고 수강신청을 하기로 한 당일, 종각에 있는 학원을 방문하기 위해 일찍부터 외출을 준비할 무렵, 전화가 걸려왔다. 메이저급 언론사로 이직하겠다며 얼마 전 회사를 그만둔 선임기자 선배였다.

급하게 할 얘기가 있다며 오후에 맥주 한잔하자는 것이었다. 다른 사람이었다면 거절했겠지만, 급하게 만나자는 선배의 태도에 이상한 생각이 들어 학원 방문을 취소하고 선배를 만나러 가게 되었다. 건대 입구에서 만난 선배는 맥주를 몇 모금 들이키더니 나에게 며칠 뒤 남아메리카 칠레로 출국한다고 알려주었다.

이유인즉슨, 메이저 언론사로 가기 위해 언론고시를 준비하는데 돈이 없어서 고모가 계신 외국에서 돈을 좀 벌어 와야 할 것 같다고 했다. 기분 좋게 술을 먹고 중간에 입국하는 날짜를 맞춰 다시 보기로 하고 헤어졌다. 그리고 선배가 돌아오기로 한 날짜가 다가왔을 때쯤, 나는 오래전부터 공을 들였던 해외 유명 기업의 대표로부터 연락을 받았다. 바쁜 일정 관계로 오래는 힘들지만 다음 날 1시간 정도 인터뷰가 가능하다는 답변이었다. 워낙 오랜 기간 기다렸던 인터뷰였기에 세상 날아갈 듯 기쁜 순간이었다.

하지만 기쁨도 잠시. 그날 저녁 한 동료 기자로부터 믿기 힘든 비보를 접하게 되었다. 칠레로 떠났던 선배가 며칠 전 현지에서 실족사로 사망했다는 얘기였다. 다음 날 나는 모든 일정을 취소한 채 선배의 장례식에 참여했다. 영정사진에 환하게 웃고 있는 그를 보며 오열했던 것이 아직도 기억이 난다. 당시엔 슬픔이 너무 커서 잘 몰랐지만 지금 돌아보면 이 사건을 통해서도 외부요인에 의해 내 인생에 다각도로 영향을 받았음을 알 수 있다.

첫 번째는 형을 만나러 가기 위해 포기했던 영어학원 등록을 차일피일 미루다 포기하게 된 것이었고, 두 번째는 갑자기 세상을 떠난 형을 보며 하루하루가 얼마나 소중한지 깨닫게 되었으며 주변 사람들을 더 사랑하게 되었다. 세 번째는 장례식에 참여하기 위해 예정되어 있던 스케줄을 취소함으로써 그렇게 만나고 싶어 했던 기업인과의 만남이 무산된 것이었다.

결과론적인 이야기로 들릴 수 있겠지만, 만약 위의 사건이 내 인생에서 일어나지 않았더라면 나는 수년이 흐른 지금쯤 영어 마스터가 되어 외국과 관련된 일을 하고 있을지도, 만나고 싶어 했던 기업인을 만나 그와 함께 어떠한 일을 함께하고 있을지도 모르는 일이다.

이처럼 자기 뜻도 아니고 의도하지도 않았지만, 우리 인생은 향후 어떤 변수에 직면할지 모르는 구조 안에 놓여있다. 예측할 수 없는 변수 앞에서 어떤 적절한 대처와 선택을 할 수 있느냐에 따라 당신 삶의 다음 모습이 바뀌게 된다. 그리고 이런 작은 선택들이 모여 '현재'라는 당신의 인생을 그려낸다.

성공을 위해 주변인들에게 '누구나'가 되어서는 안 되는 핵심적인 이유가 바로 여기서 나타난다. 우리가 살면서 부딪히게 되는 수많은 인생의 변수들 속에, 보다 안정적으로 대응할 수 있도록 만들어주는 것이 바로 당신 주변에 있는 '사람'들이기 때문이다. 당신과 관계가 있는 이들은 위기에 내몰린 당신 인생을 구원해주거나, 때로는 내가 닿지 않는 소중한 인연을 만드는 데 역할을 하기도 한다. 뿐만 아니라 내가 종사하고 있는 업계나 직군에 관계없이 그들이 살고 있는 삶에서 나오는 다양한 기회들을 나에게 제공해준다.

물론 모든 이들이 나에게 긍정적인 영향만을 가져다주지는 않을 것이다. 평안했던 인생에 사건사고를 몰고 와 내게 고통을 주는 경우도 발생될 수 있다. 내가 아는 한 제조회사의 대표는 대학의 최고경영자 과정에서 알게 된 동기생으로부터 좋은 사업 아이템을 추천받아 큰 성공을 이뤘지만, 마찬가지로 해당 기수 부회장의 추천으로 진행했던 투자 사업이 잘못되어 한순간에 50억이라는 큰 빚을 지게 되었다.

이런 상황을 막으려면 애초에 당신 또한 '누구나' 만나서는 안 된다. 만약 어쩔 수 없이 만나게 되었다 하더라도, 모든 사람과 관계를 맺거나 교류할 생각은 버리는 것이 좋다. 알고 지낼 수는 있겠지만, 관계를 맺는 것은 어디까지나 당신이 봤을 때 나에게 긍정적인 영향을 줄 수 있는 사람이어야 한다. 그러기 위해선 적어도 '누구나'를 가려낼 수 있는 변별력이 필요하다.

흔히 사람 보는 눈이라고 일컬어지는 일종의 '통찰력'은 당신이 가진 경험, 가치관, 태도, 신념에 따라 자연스럽게 생겨난다. 위에서도 언급했듯 사람을 평가하는 기준은 모두 상대적이다. 어떤 이에게 세상 착한 사람일지라도 어떤 이에겐 상종하지 말아야 할 사람이 되기도 한다. 모든 것은 자신이 판단하고 자신이 결정 내린다.

즉, 당신이 똑바르고 올바른 눈을 가지고 있어야 당신 눈에 똑바르고 올바른 사람을 찾아낼 수 있다. 선한 영향력을 주는 사람들 주변엔 선한 영향력을 가진 사람들이 모여들게 되어있다. '끼리끼리 뭉친다'라는 얘기가 있듯 사람은 본디 비슷한 사람끼리 끌리게 되어있기 때문이다. 이것이 바로 당신이 절대 '누구나'가 되지 말아야 할 이유이다.

당신의 주변에 선한 영향력을 펼치는 사람이 될수록 당신 주변엔 당신을 돕는 선한 영향력을 갖춘 사람들로만 가득 차게 될 것이다. 느낌이 오는가? 영향력 있는 개인브랜드를 만들고자 한다면 당신부터 그들에게 '누구나'가 아닌 '진짜 필요한 사람'이 되어야 한다.

당신의 시간은 한정적이고,

그 시간에 누구와 무엇을 하는지가

당신 인생의 방향성을 결정한다.

기업을 대표하는 로고, 당신을 대표하는 것은 무엇?

3

미국의 저명한 성공학자 브라이언 트레이시Brian Tracy는 "성공한 사람들의 85%는 그들의 인간관계로부터 성공을 얻었다"라고 말했다. 이처럼 당신이 살면서 얻게 되는 삶의 여러 기회들 중 개인의 기술이나 능력을 통해 직접 얻게 되는 기회들은 전체의 15% 정도에 불과하다. 무려 85%의 기회들은 당신의 주변인들로부터 오게 되어 있다는 것이다.

당신의 브랜드 가치에 당신이 교류하고 있는 주변인들의 브랜드 가치에 따라 당신에게 제공되는 다양한 기회들의 질과 양이 다르다. 나는 이것을 '권한 관계'라고 표현한다. 컨설팅을 하다보면, 개인브랜드 만드는 과정을 '자기 스스로 잘하는 것'이라고 생각하는 사람들이 많다. 이들의 머릿속엔 대부분 '나만 잘하면 세상이 날 알아줄 것이고 언젠간 성공할 거야'라는 생각이 공식처럼 박혀있다.

물론 과거에는 나만 잘해도 되는 시절이 있었다. 나만의 기술을 개발하고 타인이 가지지 못한 고급 정보들을 많이 아는 사람일수록 사람들이 알아서 찾아왔기 때문이다. 하지만 지금은 상황이 다르다. 일반인들도 마음만 먹으면 인터넷 검색 몇 번으로도 얻고자 하는 정보들을 충분히 얻어낼 수 있다. 유튜브 같은 거대한 영상 플랫폼의 등장은 의지만 있다면 기술이나 지식까지도 얼마든 배울 수 있는 교육의 기회까지 제공한다.

즉, 과거처럼 나 혼자만 잘해서 무언가 이루어지는 시대는 지나도 한참 지났다는 얘기이다. 시간의 차이가 있겠지만 누구든 마음만 먹으면 당신이 가지고 있는 기술이나 정보는 금방 따라잡을 수 있다. 이로 인해 시장에선 나를 대체할 수 있는 경쟁자까지 꾸준하게 생겨난다. 자신만의 정보나 기술이 경쟁력이 되던 시절은 한참 지났다.

실제로 나부터도 유튜브에 개인브랜드와 관련된 내용을 공개하면서 나의 카피캣Copycat이 잔뜩 생겨나는 걸 보아왔다. 그들은 내가 공개한 여러 가지 노하우와 정보, 지식 등을 바탕으로 자신만의 것들을 재창조해냈고, 자연스럽게 직간접적인 경쟁자가 됐다. 직접 겪어본 사람 입장에서 단언하건데, 그 속도는 당신의 상상 이상으로 위협적이다.

실력은 기본적으로 갖춰야 하고, 시장에서 어떤 식으로 구현해내느냐에 따라 결과가 달라진다. 같은 능력이라도 소비시장에 어떤 방식으로 전달이 되느냐에 따라 엄청난 성과 차이를 보인다. 바야흐로 마케팅의 전성시대라고 볼 수 있다. 실제로 돈 냄새를 가장 잘 맡는다는 대기업 등에선 2000년대 이후 마케팅 비용이 R&D 비용을 훌쩍 뛰었다. 잘 만드는 것은 기본이고, 시장에서 어떻게 포장할지에 따라 브랜드의 성패가 좌우된다.

기업이 자사 브랜드를 위해 마케팅 전략을 세울 때 반드시 고려하는 것이 '로고'나 '심벌' 같은 외부 이미지 디자인이다. 아무리 대단한 마케팅 전략을 세워도 소비시장에서 제대로 인정받으려면 보여지는 것을 신경 쓰지 않을 수 없다. 영역을 넓혀 개인브랜드 측면에서 바라보더라도 이는 매우 중요한 사실이다. 사람이 곧 상품이고 브랜드인 개인브랜드 시장에서 로고나 심벌 대신 나 자신을 표현하는 수단으로 자주 이용되는 것이 바로 '대외타이틀'이다. 어떤 대외타이틀을 장착하고 활동하느냐에 따라 자신이 강조하고자 하는 브랜드 아이덴티티를 구현할 수 있는 크기가 달라진다.

그러려면 넓은 세상에 내 능력을 펼칠 수 있도록 만들어줄 수 있는 '권한'을 가진 사람을 만나야 한다. 더 쉽게 얘기하자면 같은 일을 하더라도 당신에게 감투를 씌워줄 수 있는 권한 관계에 있는 사람과 관계를 만들어야 한다는 것이다. 예컨대 당신이 국내 최고의 요리사로 브랜드를 만들고 싶다고 한다면, 공공기관 또는 공신력 있는 관련 분야에서 자문위원이나 연구위원 등으로 위촉

받는 것이 중요할 것이다. 엔터테인먼트 시장에서 선한 일을 행하는 아이돌 그룹으로 브랜드를 만들고자 한다면 관련 기관에서 홍보대사나 모델 등으로 발탁될 필요가 있을 것이다.

개인브랜드는 내가 주장하고, 타인이 인정하며, 시간이 지날수록 다수의 대중으로부터 고착화되어질 때 만들어진다. 즉, 내가 주장하는 것이 '○○전문가'라고 한다면 일단 스스로 '○○전문가'로서 주장을 한 뒤 타인에게 인정받는 것이 다음 순서인데, 어떤 방식으로 타인에게 인정받고 있는지 근거를 대는 게 쉽지 않은 일이다. 그래서 이런 부류의 사람들이 인정받았다는 간접 검증 방식이 공신력 있는 곳에서 수여 받은 대외타이틀 등을 이용하는 것이다.

풀어서 얘기하자면 '○○○기관의 자문위원을 하고 있을 정도이니 내 실력은 의심 안 해도 되겠지?'라고 공신력을 높이는 것과 같다. 방법을 알려주었으니 주변에서 이런 권한을 줄 수 있는 이들이 누구인지 잘 생각해보기 바란다. 돈을 주고 살 수만 있다면 쉽게 풀리겠지만, 안타깝게도 이런 대외타이틀은 시장에서 돈을 주고 살 수 없다. 이유는 간단하다. 대외타이틀은 '신뢰'를 바탕으로 한 무형의 가치이기 때문이다.

50만 구독자를 보유한 신문사 ××일보의 칼럼니스트 자리를 예시로 들어보겠다. 만약 내가 해당 신문의 전문 칼럼니스트로 데뷔한다고 했을 때 사람들은 내가 누군지보다 신문사의 브랜드 가치를 먼저 생각한다. 신문사의 브랜드 가치는 그 신문을 구독하는 사람들의 숫자에 의해 결정된다.

즉, **[50만 구독자 = ××일보 = 칼럼니스트(나)]**라는 공식이 성립된다.

특히 '칼럼니스트'라는 자리는 어떠한 상황이나 현상에 대해 자신의 생각을 공식적으로 밝힐 수 있는 자리이기 때문에, 위촉되는 것만으로도 해당 분야의 전문가로 인정받을 수 있는 브랜드 가치 특성을 지니고 있다.

이런 측면에서 내가 50만 구독자를 보유한 ××일보의 전문 칼럼니스트가 된다는 사실은 50만 명의 사람들로부터 인정받은 전문가가 되었다는 뜻과 일맥상통한다. 이런 생각의 알고리즘은 50만 명이라는 사람이 믿고 구독하는 ××신문사에 대한 브랜드 신뢰로부터 탄생된다.

즉, 50만 명에게 일일이 '이 사람이 우리 신문을 대표하는 칼럼니스트가 되어도 될까?'라고 물을 수 없기에 50만 명이 보는 신문사에서 선택한 사람이라면 '그 정도 되는 신문사에서 선정한 사람이라면 전문성은 충분하겠지.'라는 논리로 이어져 믿게 되는 것이다.

이 안에는 ××일보에서 독자들에게 질 좋은 콘텐츠를 제공하기 위한 수단으로써 자리를 제공했을 것이라는 브랜드에 대한 믿음이 밑바탕으로 작용한다. 만약 이런 상황에서 '××신문사가 돈을 받고 칼럼니스트라는 자리를 팔았다!'라는 사실이 알려진다면 어떻게 될까? 이는 50만 명의 구독자가 아닌 ××일보의 단독 비즈니스가 되기 때문에 '칼럼니스트'라는 직업군에 대한 브랜드 가치 하락은 물론, 객관적이고 중립적인 보도를 중심으로 만들어지는 언론사에 대한 브랜드 신뢰가 낮아져 사업에 큰 영향을 주게 될 것이다.

이렇게 돈으로 살 수 없는 특성 때문에 필요한 대외타이틀을 얻으려면 많은 시간 투자가 필요하다. 첫 번째로 나에게 필요한 대외타이틀을 줄 수 있는 상대를 만나야 하고, 두 번째로 돈이 아닌 다른 것으로 그에게 도움이 되어야 하며, 세 번째로 그 도움이 '누구나' 줄 수 있는 그저 그런 도움이 아닌, 대체재가 없고 상대방이 꼭 필요로 하는 수준의 도움이어야 한다. 그래야 그 사람과 지속 가능한 관계로 발전 가능하며 그 안에서 대외타이틀 등의 돈 주고는 살 수 없는 무형의 가치를 획득할 수 있다.

물론 맹목적으로 상대방을 도와 마음을 얻고 나를 위해 그 사람이 스스로 움직일 수 있도록 만든다면 좋겠지만(가장 좋은 예가 되겠지만), 맨 처음에 언급한 것처럼 사람들은 절대 '누구나' 돕지 않는다. 세상에 '공짜'는 존재하지 않고 선의로 무언가를 바라는 것은 분명 한계가 있다. 냉정하게 말해서 애초에 무언가를 바라고 만들어진 관계는 생각보다 시원치 않다. 차라리 해줄 것을 깔끔히 해주고 받을 것을 정확하게 받아라. 그게 훨씬 빠르다.

다시 한번 강조하지만, 당신이 어떤 수준 이상의 도움을 받으려면 상대방에게 나를 대체할 수 있는 사람이 없는 수준이 되어야 한다. 그 상대방이 나에게 권한을 부여할 수 있는 위치에 있을

수록 넘어오는 기회의 질과 양이 다르다. 오늘날 한국 사회는 예전처럼 '정'으로 모든 것을 해결하는 사회가 아니다. 그냥 하다 보면 되겠지? 라는 생각이 제일 위험하다.

항상 기억해야 한다. 인간관계는 양날의 검이다. 가족을 제외하고 자신을 제쳐두고 나를 돕는 사람은 세상에 없다. 표면적인 이유야 어떻든 그래야 할 이유가 있기에 돕는 것이다. 이것을 명확하게 이해하고 당신 또한 이용해야 한다. 이것은 사람을 이용하는 것이 아니라 관계를 이용하는 것이다.

마지막으로 '공짜' 좋아하지 말라. 당신이 공짜로 무엇을 받는 순간 당신은 그에 상응하는 것을 상대에게 해주어야 하는 책임감을 지게 된다. 당장은 티가 안 나더라도 어느 순간 발목 잡힐 확률이 높다. 우리가 주고받는 명절 선물은 선물의 의미도 있지만 '나라는 사람을 잊지 마세요'라는 메시지 또한 담겼다는 사실을 잊어서는 안 된다.

삶의 여러 기회를 얻을 때 가장 중요한 것은,
정에 의존한 인간관계보다
전략적으로 다가가는 이해관계여야 한다.

기회를 찾아오게 만드는 법

4

의도적으로 타인의 도움을 기대하며 성공을 바란다는 것은 요행을 바라는 것과 같다. 내가 얘기하는 '도움'이란 요청이나 구걸에 의한 도움이 아닌 타인들이 자의에 의해 스스로 행하게 만드는 '도움'을 얘기하는 것이다. 백지장도 맞들면 낫다는 말이 있듯이 혼자서 무언가를 다 해나가는 것보단, 같은 시간에 내 성공을 위해 돕는 사람이 많아질수록 당신 커리어의 발전 속도 또한 빠를 것이라는 건 굳이 말하지 않아도 누구나 알 수 있는 사실이다. '도움'이라고 적기는 했지만 실은 '기회'라고 읽는 것이 맞다.

자, 그럼 이제 성공적인 개인브랜드를 만들기 위해 주변인들의 도움이 필수적이라는 것을 어느 정도 느낌으로 알게 되었을 것이다. 이제는 내가 굳이 부탁하지 않아도 그들이 스스로 나를 돕게 만드는 방법에 대해 설명하겠다. 요건부터 얘기하자면 정답은 '개인브랜드'의 영향력 차이에 있다. 내 브랜드의 영향력이 높을수록 가치가 높아지고, 이는 곧 주변인들로부터 제공되는 기회가 많아짐을 의미한다. 그러려면 적어도 자신의 가치가 현재 어느 정도인지 정확하게 알아야 한다.

스스로 '나는 그들에게 얼마짜리 사람일까?'라고 질문을 던져보라. 정확하게 답이 나오지 않을 경우, 다음과 같은 세 가지 질문에 스스로 답해보자.

첫째, 당신의 한 달 동안 모든 시간을 할애했을 때 벌 수 있는 수익의 최대치는 어느 정도인가? (월 수입)

둘째, 당신의 명예는 사회적으로 얼마나 드높은가? (직함, 학벌 등의 스펙)

셋째, 당신 주변의 사람들은 어느 정도 대단한 사람들이 포진되어있는가? (인맥)

만약 세 가지 중에 타인과 비교하여 어느 하나 특출 난 점이 발견되지 않는다면, 당신의 주변인들에 대한 영향력은 아마도 미미한 수준일 것이다. 외람된 말이지만 이런 경우 현재의 당신은 '누구나'일 가능성이 매우 높다.

영향력 있는 개인브랜드를 만드는 것은,

곧 나 자신의 가치를 높이는 것을 뜻한다.

예외 없이 무조건 돈 버는 2%의 비밀

5

돈은 우리 삶에서 꼭 필요한 요소이다. 우리가 하고 싶은 것을 할 때, 사고 싶은 것을 살 때, 너나 할 것 없이 돈이 꼭 필요하다. 하지만 돈은 한정적인 특징을 지닌다. 경제라는 것은 매우 복잡한 구조를 가지고 있기 때문에, 누구나 돈을 필요로 하지만, 경제에 대한 이해 없이 돈을 벌기는 힘들다. 누구나 돈이 많지 않은 것도 이 때문이다.

나는 10년 전부터 인터뷰 기자 생활을 해왔다. 마케팅 때문에 인터뷰에 응하는 사람들도 있지만, 인터뷰의 대상자들이 보편적으로 일반인보다는 나은 생활을 하고 있는 사람들이라는 것을 생각한다면, 그들이 하는 얘기를 무시할 이유는 없어 보인다. 실제로 밑바닥부터 시작하여 어느 정도 자산을 축적한 사람들의 경우 공통적으로 하는 얘기가 있다. 그것은 바로 "돈을 벌고 싶으면 가치를 만들어내라"이다. 어떻게 보면 말장난 같지만, 이 얘기는 매우 중요한 포인트를 지닌다.

사실 돈이라는 것은 생각해보면 종이 쪼가리에 불과하다. 종이 위에 어떤 숫자가 적혀 있느냐에 따라서 가치가 달라진다. 위에 언급한 재력가들의 얘기를 해석하려면 돈의 본질적인 가치가 무엇인지를 이해해야 한다. 돈이 생겨나기 이전인 원시시대로 돌아가 생각해보자. 과거 문명이 발달하기 이전, 그 당시의 사람들은 각자의 재능을 이용하여 서로 다른 물건들을 생산해냈다. 누군가는 무기를 생산하고 누군가는 토기를 생산하고 누군가는 농사 등을 통해 식량들을 생산했다.

이 과정 안에서 그들은 서로에게 필요한 물건들을 물물 교환했다. 좀 비학적인 예시일 수 있지만, 누군가는 손도끼를 필요 이상으로 가지고 있고, 누군가는 코끼리를 필요 이상으로 사육하고 있을 경우, 크기나 용도를 따라 서로에게 필요한 것을 교환했을 것이다. 화폐라는 것은 그 안에서 생겨난다.

누구에게는 손도끼가 필요한 물건이었을 것이고, 누군가에게는 덩치 큰 코끼리가 필요한 물건이었을 것이다. 하지만 기술이 발전함에 따라 잉여 생산물이 증가하고 과거 손도끼와 코끼리를 바꿨던 사람들도 생산물을 얼마나 까다롭게 생산하느냐에 따라 그 가치가 변동했을 것이다. 그래서 사람들은 가격이라는 것을 만들어낸다. 그 가격 안에는 시장에서 손도끼가 얼마나 나와 있는지, 코끼리를 얼마나 필요로 하느냐에 따라 달리 측정이 된다. 과거 1:1 비율로 물물교환을 해왔다면 어느 순간 사육하기 힘든 코끼리를 구매하기 위해 손도끼가 10개 이상 필요한 순간이 왔을 것이고, 점차 손도끼가 필요 없어지자 두 물건 간에 물물교환이 불가능해졌을 것이다.

이러한 것을 전제로 두고 돈의 개념을 생각한다면 무엇을 해야 돈을 많이 벌 수 있는지에 대한 해답이 어느 정도 나오게 된다. 재력가들이 이구동성으로 얘기했던 "돈을 벌고 싶으면 가치를 만들어내라"라는 얘기는 이 부분에서 일맥상통한다. 사실 우리는 돈과 물건을 맞교환하는 것처럼 보이지만, 실제로는 상호 간의 가치를 교환하고 있는 것이다. 돈은 그 가치를 형성화 해놓은 숫자가 적힌 종이 쪼가리에 불과하다. 과거 원시시대 때 서로 필요한 것을 교환하던 것이 시장경제의 시작이라고 가정한다면, 수천 년이 지난 지금도 그러한 본질적인 내용이 바뀌지는 않았다.

이 얘기는 물건만을 두고 하는 것이 아니라 무형의 서비스 같은 것들도 포함된다. 돈이 많고 회사가 매우 큰 안정적인 사업가라 할지라도 분명 필요로 하는 것들이 있다. 나 같은 경우, 부를 축적한 이들이 다음으로 생각하는 것이 명예라는 것을 깨달았기 때문에 그들의 명예를 드높일 수 있는 노하우와 방법들을 개발해냈다. 그리고 **[그들이 필요로 하지만] [가지고 있지 않고] [나만이 그것을 달성할 수 있도록]** 만들 수 있다면, 내가 제공하는 모든 유형의 관련 서비스들은 부르는 게 값이 된다. 이것은 매우 간단한 논리이다. 자본주의 사회에서 으뜸이 되는 요소는 얼핏 보면 돈인 것 같지만, 실제로 가장 중요한 요소는 **[가치]**이다.

당신이 세상의 2%가 되고 싶다면, 가치를 만들어낼 줄 알아야 한다. 만들어낸 가치가 많은 사람들에게 필요한 것이고, 누구나 할 수 없는 것일수록 당신에게 돌아오는 돈이 많아진다. 이는 경제학에서 수요 공급의 법칙에 기인한다. 찾는 사람이 많은데 파는 사람이 적고, 그것이 누구에게나 필요해질수록 부르는 게 값이 된다.

예컨대 **[나]**라는 **[가치]**를 높여 **[날 만나는 매분 매초]**에 **[돈을 지불하도록]** 만들 수 있다면, 당신은 세상 누구보다 돈을 쉽게 많이 버는 사람이 될 것이다. 개인브랜드 가치를 높이 세울 경우 당신의 말 한마디, 사인 하나, 입고 있는 옷, 먹는 음식까지 모든 것들이 당신에게 수익으로 다가올 것이다.

먹방으로 유명한 BJ가 어느 식당에 가서 음식을 먹고 '맛있다'라는 말 한마디만 해줘도 해당 식당의 매출은 천정부지로 오르게 된다. 하지만 생각해보자. 무언가를 먹는 행위는 누구나 생존을 위해 꼭 필요한 행위다. 해당 BJ 또한, 우리와 똑같이 삼시세끼를 먹어야 살 수 있는 사람이다. 그는 단지 살기 위해 먹었을 뿐인데 누군가에게는 큰 마케팅적 효과를 불러온다. 그런 것들이 많이 알려져 '해당 BJ가 방문해서 밥만 먹어줘도 돈이 벌린다'라는 소문이 난다면 그것은 곳 수요 공급의 법칙에 의해 더 높은 수익을 만들어낸다. 나밖에 할 수 없고 찾는 곳이 많아진다면 경쟁에 의해 내 몸값은 뛰게 된다.

이처럼 개인브랜드 가치를 만들어 높일 경우 당신의 일거수 일투족이 수익을 창출하는 현상을 목격하게 된다. 과거, 기업이나 제품의 브랜드 가치를 높이는 것이 돈을 버는 지름길이었다면 4차 산업이 시작되어 날이 갈수록 직업의 세분화, 전문화가 이루어지고 있는 현시점에선, 나만의 개인브랜드 가치를 만들어 높이는 것이 돈을 가장 확실하게 버는 방법일 것이다.

지금 당장 눈앞의 돈만 좇는 행위들은 오히려 시대를 역행하는 일이 될 수 있다. 눈앞의 돈만 좇다보면 당신의 재능, 흥미 등과 관계없이 인생에서 돈 중심의 선택들이 이어질 것이다. 당장은 수익적으로 돈이 될지 몰라도, 나중에 가서 뒤를 돌아봤을 때 당신이란 사람의 브랜드 가치는 밑바닥을 치고 있을 것이다. 이유는 간단하다. 돈 되는 일만 하는 사람은 선택에 있어 판단의 중심에 돈이 놓여있다.

예를 들어, 어떤 공공기관에 자문 역할 의뢰가 들어온다거나 다양한 봉사활동을 통해 활발한 인적 네트워킹이 일어나는 케이스는 그들의 선택지에서 배제될 가능성이 크다. 중요한 것은 우리의 시간은 유한하다는 것이다. 내 시간을 써서 돈을 벌 순 있지만, 내 돈을 써서 시간을 살 수는 없다. 돈만 좇는 삶을 살다간 추후에 더 큰 이익을 가져다줄 수 있는 순간의 선택들이 후 순위로 밀리는 것은 당연한 일이다.

그러다 언젠가 그간 살아오며 아무것도 만들어내지 못한 자신의 가치를 직시하게 됐을 때, 그때는 이미 후회를 해도 돌이킬 수 없는 일이 된다. 큰돈을 벌고자 하는 사람이라면, 인생 모든 선택의 중심이 돈이 아니라 나에 대한 가치가 되어야 할 것이다. '이 일을 했을 때 얼마를 벌지?'라는 질문보다는 '이 일을 했을 때 내 인생의 어떤 가치를 높일 수 있지?'라는 방식으로 질문을 바꿔야 한다.

다시 한번 얘기하지만, 돈은 종이 쪼가리일 뿐, 우리는 그 안에 담겨 있는 가치를 교환하는 것이다. 누구나 할 수 있는 일을 통해 당장의 적은 돈에 목매지 말고 항상 시간은 유한하다는 것을 기억하여 내 브랜드 가치를 높일 수 있는 선택을 반복한다면, 향후 세상의 2%가 되기 위해 발돋음하고 있는 당신을 발견하게 될 것이다.

상대방에게는 없지만 필요로 하는 것.

그것을 당신이 해줄 수 있다면,

당신은 2%에 속하게 되는 것이다.

당신의 몸값은 얼마인가?

— 내 몸값은 내가 정한다

6

만약 누가 당신에게 '당신은 얼마짜리 사람입니까?'라고 묻는다면 뭐라고 답하겠는가? 사람의 가치는 돈으로 환산하기 어렵다. 그렇기에 그런 물음에 뚜렷하게 대답할 수 있는 사람은 많지 않을 것이다. 하지만 그럼에도 세상에는 몸값이라는 것이 존재한다. 한국의 축구스타 손흥민의 경우에도 이적시장에서 몸값이 1000억 원이 넘었다는 기사를 한 번쯤은 접해봤을 것이다. 이런 스포츠 스타들을 제외하고 일반적인 사람들의 몸값을 측정하는 건 쉽지 않은 일이다. 어떤 기준으로 무엇을 평가할 것인지에 대한 부분이 모호하기 때문이다.

실제로 나 같은 경우 국내에 '개인브랜드 매니저'라는 개념을 처음 도입했고, 내가 제공하는 서비스를 어느 정도 맞춰야 하는지 결정하는 시간이 상당 기간 존재했다. 처음 컨설팅을 시작했을 때 나는 시간제한 없이 5만 원이라는 돈으로 상담을 진행했다. 이마저도 내 직업에 대한 이해도가 사람들 사이에서 높지 않았기 때문에 쉽지 않은 일이었다. 현재 나는 재능거래 사이트 등에서 시간당 80만 원이 넘는 컨설팅 비용을 받고 있다. 누가 정해준 것이 아니라 내가 그동안 내 가치를 높이기 위해 했던 일들, 거기서 생겨난 노하우와 정보 등을 계산했을 때 충분히 그 돈을 받아도 된다고 생각했다.

이것은 매우 큰 모험이었다. 직업이라는 것은 다른 의미로 먹고사는 문제와 맞닿아 있기에, 소비시장에서 말도 안 되는 금액을 측정할 경우에 가만히 손가락이나 빨고 있을 수도 있는 문제이기 때문이다. 결과적으로 나는 현재 내가 측정한 금액을 받고 컨설팅을 하고 있다. 시간당 소득이 증대했기 때문에 일이 조금 줄었을지언정 총소득은 높아졌다. 이런 일을 겪으며 느낀 것이 있다면 바로 내 몸값은 내가 정한다는 것이다.

사람들은 흔히 이 부분에 대해서 많은 두려움을 느낀다. 나와 마찬가지로 쓸데없이 금액을 높였다가 있던 일마저 없어질 것이라는 불안감이 있기 때문이다. 물론 내 스스로 아무런 발전 없이 금액만 높인다면 이것은 자살행위나 마찬가지이다. 하지만 시간이 지날수록 내 스스로에게 납득이 될 만큼 많은 정보와 지식이 축적된다면 그 부분에 대해서는 당당해야 한다고 생각한다.

절대적인 것은 당신이 당신의 몸값을 너무 낮게 생각하여 측정할 경우, 다른 사람들 또한 당신의 가치를 높게 생각하지 않는다.

인생의 절반은 자신감이라는 말이 있다. 어차피 몸값이라는 개념이 수학 공식처럼 딱 맞아떨어지기는 어려운 개념이기 때문에 당신이 생각하는 당신의 몸값이 시장에 그대로 반영된다. 개인브랜드는 내가 주장하고 타인에 의해서 고착화되며 많은 사람들이 인정할수록 가치가 높아진다. 이것은 당신의 몸값도 같은 개념으로 접근해야 한다는 얘기이다.

만약, 내가 생각하는 내 몸값이 현저히 낮다면 일단 그보다 높은 가격을 내뱉고 타인에 의해서 그 금액이 고착화될 수 있도록 꾸준히 자신의 가치를 높여가며 많은 사람들에게 인정받을 수 있는 활동을 이어나가야 한다. 이것의 시작은 바로 자기 확신이다.

어떤 일에 있어 내 자신의 몸값을 정하는 것은 누가 뭐라고 해도 나 자신이다. 강력한 자기 확신을 타인에게 주장하고 이것을 뒷받침할 수 있을 만한 근거들을 제시해나간다면, 그리고 그것이 많은 사람들에게 인정받게 된다면 당신의 몸값은 하루하루 높아져갈 것이다. 당연한 얘기라고 생각할 수 있으나, 상담을 하다보면 생각보다 많은 사람들이 이러한 자기 확신 부재로 인해 필요 이상으로 자기 몸값을 낮추고 있다는 것을 발견할 수 있다. 이 책을 읽는 사람이라면 이 부분을 꼭 명심하길 바란다.

자기 자신을 아끼지 않으면서 타인에게 자신을 아껴달라고 얘기할 수 없듯이, 자기 자신의 몸값을 높이 생각하지 않으면서 타인에게 많은 돈을 달라고 요구할 수 없다. '내 몸값은 나만이 측정할 수 있다'라는 것을 항상 기억했으면 한다. 물론 내가 이렇게 얘기한다고 해서 아무 근거도 없이 자기 가치를 높게만 생각한다면 이것은 자신감이 아니라 자만심일 뿐이다. 자기 몸값을 높게 생각하되, 그것에 대한 근거가 될 만한 것들을 꾸준히 준비하며, 실제로 내가 제공하는 무엇인가를 이용하기 위해 돈을 지불하는 사람들이 많아지면 많아질수록 당신이 내뱉은 당신의 몸값은 구체화된다. 쉽게 말하면 '내 몸값은 내가 말하기 나름이다'라는 의미로 해석할 수 있다.

항상 기억하자!

당신의 몸값은, 당신이 측정하고 만들어내는 것이다.

당신의 클래스는 당신 옆 사람으로부터 결정된다

7

개인브랜드의 시작과 끝은 철저하게 '사람'이다. 나만의 브랜드를 만들고자 이 책을 펼친 사람들이라면 먼저 자기 주변 사람들의 면면을 들여다보기 바란다. 기본적으로 학연, 지연을 무척이나 싫어하지만, 그것은 이상적인 생각일 뿐, 굳이 대한민국 안에서 답을 찾지 않더라도 어느 국가, 지역을 가든 학연, 지연은 존재한다. 상호 간에 공통점이 많을수록 깊은 관계가 되기까지의 시간이 줄어드는 것은 이미 심리학에서도 연구 결과를 통해 밝혀진 사실이다.

내 인생에 도움 되는 인맥을 만들고 싶다면 '관계'가 아닌 '이해관계'의 관점에서 접근해야 한다. 이해관계의 관점에서 타인에게 어떤 도움을 줄 때는 그 도움이 대체할 수 없는 도움이어야 한다. 같은 도움을 주더라도 내가 나서지 않았을 때 해결되는 수준의 일이 아니라면 단언컨대, 내가 쓴 에너지만큼 상대방이 고맙게 생각하지 않는다. 물론 모든 이들이 이해관계를 따져가며 상대를 도울지 말지를 결정하진 않는다. 다만 사람이 좋아서 상대방에게 조건 없이 도움을 주는 일은 극소수에 불과하다는 것을 명심해야 한다.

'목구멍이 포도청'이라는 얘기가 있듯이 내가 굶어가며 타인에게 빵을 나누어 줄 수 있는 사람은 많지 않다. 그럴 때 작용되는 인간관계의 메커니즘이 바로 '관계'가 아닌 '이해관계'이다. 상담을 하다 보면 수많은 상황의 사람들을 만나게 된다. 그들이 개인의 브랜드화를 꿈꾸는 이유는 저마다 다르다. 어떤 이는 자기만족을 위해, 또 어떤 이는 꿈을 이루기 위해, 다른 어떤 이는 돈을 많이 벌기 위해 자신을 상품화시키고자 한다. 표면적인 이유는 다르지만, 현재보다 조금 더 만족스러운 인생을 만들기 위해 개인의 '브랜드화'를 꿈꾼다는 공통분모를 가지고 있다.

개인브랜드를 만들고자 하는 사람이라면, 먼저 '사람'에 대한 이해가 필수적이다. 우리가 흔히 표현하는 '인맥'이라는 도구는 개인브랜드를 만드는 데 있어서 절대적인 핵심이다. 모든 기회들이 바로 '사람'으로부터 시작되기 때문이다. 당신이 방송에 출연해 전문성을 강화하고 싶다면 관련 방송의 제작 총괄을 맡고 있는 PD와의 친분이 중요할 것이고, 출판을 하고자 한다면 출판업계의 마케팅 속성을 잘 알고 있는 출판 전문가와의 친분이 중요할 것이다. 정치활동을 하고자 한다면 당연히 자신에게 공천권 또는 정치적 힘을 실어줄 수 있는 절대자의 도움을 받는 것이 필요하다.

물론 100% 실력만으로 자리를 꿰차거나 사회적으로 역할을 부여 받는 것이 불가능한 일은 아니다. 자존심 강한 어떤 이들은 '남에게 기대는 것이 싫다'라며 손사래를 치는 경우도 있다. 개인의 선택이기에 그들의 얘기를 존중한다. 다만, 내가 주장하는 '인맥'에 대한 견해를 오해하지 않았으면 한다. 내가 말하는 인맥이란 '편법'이 아닌 '이해관계'를 뜻한다. 돈을 주고 로비를 하라는 얘기가 아니라 나 스스로가 남들이 나서서 도와주고 싶은 진짜 괜찮은 사람이 돼야 한다는 뜻이다. 아무리 광고비 투자를 많이 하고 소위 말하는 돈××를 해봤자 반짝하고 도돌이표 되는 경우가 허다한 이유가 바로 여기에 있다.

개인을 브랜드화시킬 사람이라면 철저하게 나 자신이 상품화돼야 한다. 아무리 많은 광고비를 투자하더라도 상품이 별로면 그 효과가 반짝할 뿐 지속되기 어렵다. 세계적인 축구선수 호날두Cristiano Ronaldo도 축구의 시작은 리프팅(공을 제기차기하듯 차면서 떨어뜨리지 않는 연습)부터였다. 그렇게 인고의 세월이 흘러 프로무대에 입문했고, 퍼거슨Alex Ferguson이라는 엄청난 권위자를 만나 지금의 대스타가 되었다. 물론 호날두는 재능과 좋은 신체조건, 멋진 외모를 다 가진 축구선수이지만 그를 알아봐준 퍼거슨 같은 지도자가 없었다면 지금의 **[세계적인 축구스타 호날두]**가 아닌 **[축구스타 호날두]**가 되었을지 모르는 일이다.

이처럼 인생을 살아가며 자신을 알아봐주고 여러 가지 기회를 주는 사람을 만난다는 것 자체가 개인브랜드 가치를 올리는 데 결정적인 역할을 한다. 이런 관점에서 내가 스스로 '괜찮은 사람'이 되어 주변인들로부터 가만있어도 여러 가지 기회가 찾아오게 만들어놓는 과정은 개인브랜드를 만들기 위해 가장 먼저 신경 써야 할 부분인 것이다. 이를 간과한 채 보여지는 껍데기에만 집중하여 광고나 마케팅 활동에만 열을 올린다면 어느 순간 커리어의 정체기가 찾아왔을 때 이를 뚫고 나가기가 쉽지 않아 결국 브랜드 활동의 포기로 이어지기가 쉽다.

그렇다면 우리가 말하는 진짜 '괜찮은 사람'이란 무엇인가? 이것은 매우 어려운 질문이다. 나는 이 질문에 대한 대답을 스스로 내릴 때까지 3년이 넘는 시간을 고민해야 했다. 힌트는 '착한 사람'에 있다. 당신은 보통 어떤 사람을 두고 '착하다'라고 표현하는가? 남을 돕는 사람? 양보를 잘 하는 사람? 한번 자세히 들여다보라. 사실 착한 사람이란 단어 앞에는 '내게'라는 두 단어가 생략되어 있다. 우리가 말하는 착한 사람이란 결국 (내게) 착한 사람이다. 사람을 평가하는 기준은 사회통념상 인정되는 보편적, 도덕적인 객관적 기준 이외에 대부분 주관적이고 상대적이다.

아무리 세상 착한 사람이라는 평판이 있는 사람일지라도 나에게 자주 실수하거나 불리한 일들을 하고 있다면 절대 내게 착한 사람이 될 수 없듯이 말이다. 개인의 브랜드화를 꿈꾸는 사람이라면 이를 빨리 이해하고 여기서 한 발자국 더 나아가야 한다. 정확히 말하면 착한 사람보단 도움이 되는 사람이 되는 것이 맞다. 상대방에 대한 친절과 배려는 기본이고, 상대방이 필요하지만 아직은 갖지 못한 무언가를 가지고 있는 사람. 바로 '영향력 있는 사람'이 되어야 한다. 인지도나 유명세를 타는 것은 그 이후에 신경 쓸 문제이다.

실제로 영향력 있는 사람이 되어갈 때 인지도나 유명세는 자석처럼 끌려오게 되어 있다. 많은 사람들이 이 부분을 헷갈려한다. 결코 '닭이 먼저냐, 알이 먼저냐'의 문제가 아니다. 너무나 명확하게 영향력을 키우는 일이 먼저이다. 알맹이 없이 인지도나 유명세를 바탕으로 영향력을 만들어가는 방식은 자기 자신을 폭죽으로 만들어가는 행위라고 생각해야 한다. 한 번의 점화로 화려하게 빛날지는 모르겠으나, 폭발이 끝난 후엔 어떠한 가치도 지니지 못한다.

개인브랜드는 내가 주장하고 타인에 의해 인정받고 이것이 고착화되는 과정에서 만들어진다. 그렇게 되려면 나라는 상품이 일회성의 판매가 아닌 지속 가능한 판매로서 역할을 다해야 한다. 요즘 퍼스널 브랜드 과정이라고 해서 많은 마케팅 회사의 광고 상품이나 1인 글쓰기 등의 열풍이 불고 있다. 방식이 틀린 것은 아니나 순서가 잘못되었다. 본질 없이 콘텐츠로만 승부 보는 시대는 이미 예전에 지나갔다. 이 시대의 젊은 소비자들은 이미 진짜 기사와 광고 기사를 구분할 수 있고, 책을 읽고 내용이 부실할 경우 가차 없이 인터넷에 악플을 쏟아낸다.

한번 깨진 브랜드 신뢰도는 영원히 되돌릴 수 없다. 세상에 나오는 것은 비용 투자만 있으면 얼마든지 가능하다. 개인브랜드라는 것은 사람을 만들어가는 일이기에 그렇게 쉽게 접근할 문제가 아니다. 개인브랜드를 만드는 데 있어 시작과 끝은 무조건 '사람'이다. 당신 옆 사람의 클래스가 당신의 클래스를 증명한다는 말처럼, 당신 스스로의 브랜드 가치가 아직 작은 편이라면 당신보다 더 높은 브랜드 가치를 보유한 사람과 어울리고 교류하는 데 집중하라. 설령 나 자신이 아무것도 아닌 사람처럼 여겨지더라도 당신과 어울리는 사람들이 사회적 지위나 명성 등이 높은 사람이라면 당신 또한 그 후광을 입게 되어 있다. 이것은 우리가 비싼 비용을 주고 명품 옷을 사거나, 비싼 차를 끄는 것과도 같은 맥락이다.

그러나 '끼리끼리 논다'라는 말처럼, 사회에 영향력 높은 사람들을 가까이 두려면 나 자신 또한 그들에게 어떠한 영향력을 행사할 수 있어야 한다. 다음 장에선 영향력 있는 사람이 되기 위해 실제 필요한 것들에 대해 설명하겠다.

당신 주변에 있는 사람들의 '클래스'가

곧 당신의 '클래스'를 증명한다.

영향력 있는 사람이란 누구인가?

8

영향력 있는 사람이란 어떤 사람인가? 바로 '필요 있는 사람'이다. 영향력이 큰 사람은 어떤 사람일까? '더 많은 사람에게 필요한 사람'이다. 영향력을 키워나간다는 것은 바로 이런 관점에서 이해되어야 한다. 그럼 한 발자국 더 나아가 필요한 사람이란 어떤 사람일까? 쓰임이 있지만, 상대방에겐 없는 무언가를 가지고 있는 사람이다. 예를 들어, 마케팅 기획자에겐 기획한 바를 많은 이들에게 전달해줄 수 있는 광고 플랫폼이 필요하다. 제조업을 하는 사람에겐 이를 시장에서 유통시켜 줄 수 있는 인맥을 가지고 있는 사람이 필요하다. 유명세를 필요로 하는 사람에겐 공신력을 실어 보도해줄 수 있는 언론 관계자들이 필요하다.

'지피지기면 백전백승'이라는 말처럼 누군가에게 내가 영향력 있는 사람이 되고자 한다면, 상대방이 필요한 것이 무엇인지 파악한 뒤 이것을 해결해줄 수 있는 사람이 되면 된다. 그것이 '돈'으로 해결되지 않는 것이면 더욱 가치가 있다. 어쨌든 상대방에게 쓰임새가 있는 사람이라면 당신은 그 사람에게 암묵적인 영향력을 획득할 수 있다. 나는 이것을 '무기'라고 표현한다. 무기가 무엇이냐에 따라 당신이란 브랜드 영향력은 단기간에 어마무시하게 커질 수도 있는 부분이다. 책을 읽는 이들 중 이미 강력한 '무기'를 가진 사람이라면 깊이 생각하지 말고 지금 당장 밖으로 나가 최대한 많은 사람을 만나 교류하라. 당신이 상상한 것 이상으로 당신이라는 브랜드 영향력이 엄청나게 성장하는 것을 체감하게 될 것이다.

여기서 '교류'라고 표현한 단어의 핵심은 '대가를 바라지 않는 도움'이다. 물론 타인을 도우면서 발생될 수 있는 손해가 나에게 막대한 피해를 끼치지 않는 선에서 말이다. 누군가를 도울 때 가장 중요한 것은 대가를 바라면 안 된다는 것이다. 만약 당신이 가진 '무기'를 가지고 누군가를 도우려 할 때 이것저것 재고, 따지고 하는 행동을 반복한다면, 그 안에서 당신은 잃지 않아도 되는 기회들을 무수히 잃게 될 것이다. 무언가를 바라고 타인을 돕는 행위는 '비즈니스'이다.

내가 이 책에서 말하고자 하는 것은 비즈니스를 통한 단기수익이 목적이 아닌 인간관계를 통한 브랜드 영향력의 증대이다. '열 길 물속은 알아도 한 길 사람 속은 모른다'라는 말이 있다. 당신이 누군가를 보고 그 사람의 성향이나 돌아올 수 있는 이득을 정확하게 파악할 수 있다면 얘기가 다르지만, 상황이 닥치지 않은 이상 내가 도왔던 것 이상으로 상대방으로부터 내게 이익이 돌아올지는 알 수 없다. 즉, 변별력이 없기 때문에 최대한 많은 사람들을 부담 없는 선에서 일단 도우라는 것이다. 그리고 그 도움이 가급적 당신이 지닌 '무기'를 통해 구현된다면 당신은 상대방 인생에 필요한 사람이 될 것이다.

나는 개인적으로 1,000명을 만나 마음 맞는 사람 1명을 만났을 때, 장기적으로 1억 원 이상의 가치를 지닌다고 본다. 우리가 살면서 만날 수 있는 다양한 리스크나 큰 기회들은 내가 예측한다고 막을 수 있거나 기다린다고 얻을 수 있는 것이 아니다. 많은 사람과 교류하고 최대한 그들에게 도움이 되는 사람이 되어갈 때, 그리고 그중에 내 인생에 영향을 줄 수 있는 기회나 권한이 있는 사람들이 늘어날 때 자신의 커리어는 눈부시게 발전한다.

실제로 나는 한 재능기부 사이트를 통해 교통비 정도의 저렴한 금액만 받고 내가 가진 개인브랜드 전략을 공유했다. 필요한 이들에게는 합리적인 금액을 통해 상품을 제안했지만, 설명을 듣고 스스로 실현할 수 있는 능력을 가진 이들에겐 철저하게 '비용'과 관련된 얘기를 꺼내지 않았다. 그 결과 나는 매우 합리적이고, 정직한 브랜드 이미지를 형성할 수 있었다. 그것들은 곧 서울시 비영리민간단체인 '청년문화포럼'과 최단기간에 100여 개 기업이 참여 의사를 밝힌 '한국사회공헌협회'의 탄생으로 연결되었다.

내가 평소에 대가 없이 돕던 이들은 내가 무엇을 하든 지지 의

사를 밝혀준다. 마음적인 지지 의사를 넘어 뜻이 맞는 경우, 금전이든 제품이든 자발적으로 후원이 들어온다. 내가 만약 그들을 대상으로 전부 영업을 하려 들었다면 어땠을까? 아마 이 책은 세상에 나오지도 못했을 것이다. 나 같은 경우 영업 현장에서 배워왔던 '마케팅 아이디어'와 '콘텐츠 제작', '광고 플랫폼' 등을 토대로 성장했다. 우연이긴 했지만, 그간 해왔던 일들이나 가지고 있는 무기들이 사업을 하는 사람이라면 누구를 만나도 도움이 될 만한 '홍보'라는 영역과 맞닿아 있었다.

특히 플랫폼이나 콘텐츠 제작 등은 기존에 사업을 영위하기 위해 불가피하게 지출해야 했던 고정비용을 제외하고 더 나가는 비용이 없었기에, 누굴 만나더라도 활용하는 데 부담이 없었다. 콘텐츠 제작의 경우 영상 편집이나 디자인같이 기술력을 필요로 하는 부분이기 때문에 누굴 만나든 영향력을 발휘하는 것이 가능했다. 이처럼 보유하고 있는 강력한 나만의 '무기'들은 나이, 성별, 지위 여하를 막론하고 타인의 인생에 영향력을 발휘하는 데 큰 힘으로 작용된다. 그리고 그것들이 모여 내가 지닌 브랜드 영향력의 증대로 이어진다.

당신이 상대방에게 쓰임새가 있는 사람이라면,

당신은 그 사람에게 암묵적인 영향력을 행사할 수 있다.

영리하게 도우라

9

나는 내가 가진 무기들을 토대로 누구를 만나든 먼저 호의를 베풀었다. 정확히 말하면 호의를 베풀 수 있다는 의사를 내비쳤다. 여기서 주의할 점은 먼저 돕되, 너무 쉽게 돕지는 말라는 것이다. 이 부분은 철저하게 커뮤니케이션 기술이 필요한 영역이다. 뒤에서도 자세히 설명하겠지만, 누군가를 도울 때 너무 쉽게 도와주는 것은 좋지 않다. 세상에는 공짜가 없다. 내가 누군가를 도울 때 돈을 요구하지 않더라도, 그 도움이 공짜 도움이 되지 않도록 주의해야 한다.

내가 너무 쉽게 아무것도 아닌 것처럼 도와주면, 상대방 또한 그 도움의 크기를 '공짜'로 계산할 공산이 크다. 특히, 관계가 만들어지지 않은 상태에서 상대를 돕고자 한다면 '커뮤니케이션'은 엄청나게 중요해진다. 한국어는 세계의 모든 언어 중 가장 많은 표현이 가능한 언어이지만, 작은 차이로 그 뜻이 엄청나게 달라져 버리는 언어이기도 하다. '아' 다르고 '어' 다르다는 말이 있듯이 말이다. 온갖 정성을 다 쏟아부어도 상대방에게 전달이 되지 않으면 안 하느니만 못한 일이 되어버리는 경우가 허다하다.

그래서 우리는 누군가를 도울 때 영리하게 도와야 한다. 이것은 사람을 가려가며 도우라는 의미가 아니다. 내가 어떤 도움을 줄 때 그것을 위해 내가 얼마나 노력해야 하는지 반드시 상대방에게 직간접적으로 어필해야 한다는 뜻이다. '도와줄 거면 그냥 좋은 마음으로 돕는 게 낫다'라고 주장하는 이들도 있지만, 그것은 봉사활동처럼 '좋은 사람'이 되고 싶을 경우에만 해당한다.

내가 말하는 '도움'이란 내 브랜드 영향력을 증대시키기 위한, '나를 위한 도움'이다. 누군가에게 베푸는 호의가 가급적 제대로 전달되어 상대방이 느낄 수 있는 고마움의 크기를 더욱 크게 만드는 것이 핵심이다. 물론 생색내는 것이 너무 과하면 오히려 역효과를 낼 수 있는 부분이 있기에 이 부분에선 철저하게 커뮤니케이션 '기술'이 필요하다고 표현한 것이다.

2015년, 내가 서른 살이 되던 해에 20년 넘게 연락 한 번 나누지 않았던 한 동창으로부터 연락을 받았다. 페이스북을 보고 내가 온라인마케팅 회사를 운영하고 있는 걸 알게 됐다며, 자신을 위해 광고 전략을 만들어달라는 목적의 연락이었다. 사실 크게 연고가 없는 친구긴 했지만 오랜만에 잊지 않고 연락준 것이 고마워 흔쾌히 도와주겠다고 약속했다. 당시 그 친구는 한 보험사에서 근무하고 있었다. 며칠 뒤 이메일을 통해 해당 친구에게 자료를 받은 뒤 온라인 광고 전략을 세워서 보내주었다.

우리가 잘 알고 있는 말 중에 '창작의 고통'이라는 말이 있다. 전략을 세우는 것이 창작하는 개념까진 아니겠지만, 무에서 유를 만들어내야 하는 작업은 언제나 정신적 고통이 뒤따른다. 그 친구가 잘되길 바라는 마음으로 광고 전략을 짜는 데 꼬박 반나절이 걸렸다. 검색량과 업계 상황, 여러 데이터를 수집하고, 경쟁업체를 분석하여 최적의 합리적인 광고전략을 도출해냈다. 친구와 통화를 하고 만들어놓은 기획안을 보내며 속으로 '이렇게 정성들여 도와줬으니 고맙게 느끼겠지?'라는 생각에 스스로 뿌듯했다.

결과는 어땠을까? 내 생각은 보기 좋게 빗나갔다. 기획안을 받아 든 친구는 오히려 나에게 광고 비용이 생각보다 많이 나오는 것 같다며 '대충 짜서 보낸 것 아니냐'는 듯한 의심의 눈초리를 보냈다. 억울하고 서운했지만 어쩔 수 없었다. 상대방은 내가 하는 일에 대한 이해도가 떨어졌고, 나는 이런 부분을 간과한 채 내 시간을 소비했다. 결국 그 일 이후로 그 친구와는 모든 연락을 끊어버렸다.

위의 상황에서 나는 두 가지 실수를 저질렀다. 첫째는, 실제 들어가야 하는 노력에 비해 돕겠다는 약속을 너무 쉽게 했던 것이고, 다른 하나는 도움을 주고 난 뒤 상대방에게 어떤 노력이 들어갔는지에 대해 전혀 설명하지 않았던 것이다. 영리하게 도우려면 어느 정도의 장치를 두는 것은 필수이다. 도움을 주되 너무 아무렇지 않게 승낙해버리면 상대방 또한 도움의 크기를 아무렇지 않게 생각하게 되어 있다.

마찬가지로 진행 과정에 대해 설명해주지 않으면, 상대방을 돕는 데 얼마나 많은 노력이 들어갔는지 상대방 입장에선 절대 알 수 없다. 그래서 우리는 어떤 도움을 요청받더라도 조금은 어렵게 들어주어야 한다. 때로는 몇 번이고 그 일을 하기 위해 내가 어떤 희생을 감수해야 하는 일인지 자연스럽게 어필해야 한다.

당신의 무기가 설령 10억 원의 가치를 지녔을지라도 상대방에게 쉽게, 아무렇지도 않게 빌려준다면, 상대방에게 내 무기의 가치를 어필할 수 없다. 같은 도움이라도 어려운 이웃을 위한 봉사활동일 때와 '기회'를 만들어내기 위한 브랜드 활동일 때의 방식이 달라야 하는 이유이다. 그렇다면, 영리하게 도울 때 내 노력에 대해 어필은 하면서 너무 생색내는 것처럼 보이지 않도록 만들어주는 커뮤니케이션 기술이 무엇일까? 요점부터 얘기하자면 모든 포커스를 상대방에 맞추라는 것이다.

어떠한 부탁을 받았을 때 바쁜 이유로 조금 어렵게 승낙하고자 한다면 '내가 바빠서'가 아닌 '바쁜 상황이기 때문에 상대방에 대한 부탁을 제대로 들어줄 수 있을지 고민이다'로 풀어내야 한다. 많은 노력이 들어가야 함을 어필하고자 한다면 '내 시간과 노력이 들어가서 힘들다'가 아닌 '당신에게 제대로 된 도움을 주려 하다 보니 많은 시간과 노력을 할애해야 했다'로 표현하면 된다. 결과를 떠나 사람이라면 누구나 자신을 위해 희생하거나 도움을 주려 노력한 사람에게 고마워하기 마련이다.

실제로 우리가 준 도움을 통해 대단한 결과를 얻지 못하더라도 상대방을 위해 내가 얼마나 노력했는지 전달만 잘 된다면 내가 투자했던 노력들은 적어도 좋은 관계로 나아가기 위한 가능성을 여는 충분한 가교 역할을 할 수 있다. 기왕 타인을 조건 없이 도울 것이라면 욕먹으면서 도울 필요는 전혀 없지 않은가? '영리하게 도우라'는 말은 바로 이런 의미이다.

당신이 타인을 위해 자기 시간을 쓰게 될 경우,

어떤 형태로라도 그 시간이 헛되이 쓰이지 않도록 해야 한다.

개인브랜드의 시작과 끝, '사람'이다 10

지금까지의 내용을 요약해보겠다. 개인브랜드란 타인에게 내 삶의 영향력을 높여가는 과정에서 만들어진다. 브랜드 영향력을 높이려면 보다 많은 타인들에게 인정받아야 한다. 타인들에게 인정받으려면 먼저 그들과 관계를 맺는 것이 중요하다. 이 관계는 인간관계보단 상호 보완적인 이해관계를 뜻하며, 이를 위해 내가 그들에게 필요한 사람이 될 수 있도록 만들어야 한다. 그러기 위해선 타인에게 도움이 될 수 있는 강력한 나만의 '무기'(경쟁력)를 장착해야 한다. 그들과의 관계를 맺기 위해 먼저 타인을 돕는 행위의 습관화가 필요하다. 이런 관계 안에서 당신은 무수히 많은 기회들을 그들로부터 제공받게 된다.

이는 내 브랜드를 꾸준히 영향력 있게 성장시킬 수 있는 필수적인 요소로 작용한다. 개인브랜드 영향력을 키우는 데 있어 타인을 향한 도움이 곧 나를 위한 도움이라는 것을 명심해야 한다. 대부분의 사람들은 내가 먼저 자처해서 남을 돕는 경우가 드물다. 반대로 도와달라고 얘기하는 것조차도 불편해하는 이들이 많다. 만약 당신이 주변에 있는 이들에게 언제나 선의를 베풀 수 있다는 사실을 알리고 먼저 그들을 도우려 노력하는 순간, 사람들 사이에서 당신의 경쟁력은 눈에 띄게 증대될 것이다.

단, 타인을 도울 때 너무 큰 손해를 담보로 하거나 도와주더라도 쉽게 여겨질 수 있는 도움은 지양해야 한다. 누구나 도와줄 수 있는 영역의 일들도 굳이 신경 써가면서 도울 필요는 없다. 대체가 불가능한 당신만의 '무기'를 통한 도움일수록 타인에게 당신의 브랜드 영향력은 증대된다. 영리하게 도우라.

앞에서 다룬 '사람'에 대한 전반적인 요약이다. 책을 정독하고 있는 사람들은 경우에 따라 몇 가지 의문이 들 것이다. 아마도 애초에 인맥 네트워크가 좋지 않아 도움 줄 수 있는 사람 자체가 없는 경우는 어떻게 해야 할까? 주변에 딱히 나에게 도움 줄 수 있는 위치에 있는 사람이 별로 없는 이들의 경우 어떻게 해야 할까? 등의 실무적인 질문일 것이다.

또한 나만의 '무기'가 뭔지 모르는 사람이나 아예 없는 경우도 존재할 것이다. 명확히 말하지만 나는 이 책을 단순히 내 브랜드를 위한 출판 용도로 낸 것이 아니다. 개인브랜드에 대한 명확한 이해와 좀 더 가치 있는 삶을 살 수 있도록 길잡이 역할을 하고자 하는 것이 목적이다. 이 또한 여러분께 나를 위한 도움을 실천하고 있는 것이다.

누구나 그렇지만 나 또한 이론만 주구장창 설파하는 방식의 강연이나 책을 극도로 싫어한다. 긍정적으로 생각하라, 포기하지 말라, 정직하게 행동하라 등의 얘기는 굳이 성공하지 않아도 세상 누구나 할 수 있는 얘기이다. 그런 면에서 이 책에 담긴 내용은 철저하게 경험을 바탕으로 기술하였다. 해보지 않고서 남에게 조언을 하는 사람은 '사기꾼'과 다를 바 없다. 국내 1호 개인브랜드 매니저로서 지금부터 여러분께 진짜 노하우를 공개하겠다. 지금부터는 상황에 맞게 보다 실무적인 방법론으로 들어가보겠다.

당신이 상대방을 돕는 관계를 통해서,

당신은 무수히 많은 기회를 그들로부터 얻을 수 있다.

내 무기는 무엇일까? 11

무기는 다른 말로 '경쟁력'이라 표현한다. 앞장에서 개인브랜드 영향력을 높이려면 사람들 간의 관계를 좀 더 실무적인 이해관계로 생각할 필요가 있다. 물론 모든 인간관계에 대해서 철두철미하게 대응하라는 얘기는 아니지만, 적어도 비즈니스적인 만남이거나 실리를 추구하는 관계일수록 감정보다는 이해관계를 생각하는 것이 옳다. 여기서 이해관계란 상대방은 나에게 도움이 되고, 나 또한 상대방에게 도움이 될 수 있는 상호 보완적인 관계를 뜻한다. 그리고 그 안에서 '어느 쪽이 더 강력한 무기를 들고 있느냐'에 따라 상시 발생되는 협상 또는 거래의 과정에서 내가 더욱 유리한 쪽으로 상황을 전개시킬 수 있다.

상황을 유리하게 전개시킨다는 것은 상대에게 피해를 입혀가면서까지 무엇을 해야 한다는 의미가 아니고, 같은 상황에서 내

의사가 좀 더 방영될 수 있는 것을 뜻한다. 그러려면, 자신의 무기가 강력한 힘을 지니고 많은 사람에게 통용될수록, 사람들 사이에서 펼치게 되는 영향력이 더욱 증대될 것이다. 영향력의 증대가 다시금 무기의 강화로 연쇄되어 튼튼해지는 만큼, 세상 속에서 당신이 펼치게 될 개인브랜드 영향력도 강력해진다.

그렇다면 내가 말하는 강력한 무기는 어떻게 만들어낼 수 있을까? 다음과 같은 네 가지만 기억하면 된다.

첫째, 내가 소유(또는 보유)할 것.

둘째, 상대가 필요로 할 것.

셋째, 이용하여 돕는데 부담이 없을 것

넷째, 필요로 하는 사람이 많을수록 가치 극대화

이 세 가지 요소를 기억하길 바란다. 이를 토대로 자신의 무기를 찾아내고 강화시킬 수 있다면, 남은 할 일은 세상 사람들에게 당신을 알리는 일만이 남는다.

내 무기는 다양한 마케팅 수단과 넓은 인적 네트워크이다. 사람들은 누구나 많은 돈을 벌고 싶어 한다. 돈을 벌게 해주는 것은 마케팅이며, 보다 확실한 마케팅 전략을 구사할 수 있는 능력이 있다면 당신은 누구에게나 필요한 무기를 지니고 있는 것이다. 하지만 조금 전에 언급했던 것처럼 '마케팅 능력이 있다'라는 사실이 절대적인 희소가치를 만들어내는 것은 힘들다. 국내에 나 말고도 훌륭한 마케터들은 몇이고 존재하며, 그들 중에서 내가 가장 뛰어난 마케터라고 입증할 만한 근거 자료도 명확하지 않기에 그것만으로는 강력한 무기로 볼 수 없을 것이다.

이를 보완하기 위해 다양한 직군에서 활동했던 경험들을 바탕으로 만들어진 인적 네트워크와 그 안에서 생겨나는 무수한 정보와 기회들은 잘 만들어진 나만의 무기를 조금 더 날카롭게 갈아 활용 가치를 높여주는 작용을 한다. 이런 방식으로 나는 보다 강력한 나만의 무기를 만들 수 있었다. 세상 누구를 만나더라도 돈과 인맥을 늘려줄 수 있는 내 무기는 사람들과의 이해관계 속, 다양한 상황들에서 나를 유리하게 만들어준다. 물론 이것은 내 경우이기 때문에 예시로 들었을 뿐, 나와 다른 상황이나 환경에 있는 사람에게는 적절하지 않을 수 있다.

중요한 것은 내가 가지고 있는 무기가 어떤 것이며, 그것을 어떻게 활용할 것인지 만들어내는 과정이다. 사실 이 부분이 가장 어렵다. 대부분의 사람들은 내가 가진 무기가 무엇인지, 상대에게 어떻게 작용을 할 것인지에 대해 생각하지 않기 때문이다. 무기를 경쟁력이라고 표현했듯, 내가 가장 잘할 수 있는 것, 그리고 남들에게 없을 만한 것, 최대한 많은 사람들에게 도움이 될 수 있는 것 등은 고려해서 찾아내야 한다. 이 부분에서 충분히 막힘이 있을 수 있지만, 생각보다 많은 사람들이, 생각보다 좋은 무기를 들고 있음에도 그것을 발견하지 못하는 경우가 많다. 왜냐하면, 대체적으로 사람들은 가진 것보다 가지지 못하는 것에 더욱 집중하기 때문이다.

내 무기가 무엇인지 알고 싶다면, 먼저 자신이 가진 것이 무엇인지부터 볼 줄 알아야 한다. 예를 들어, 강남에서 작은 학원을 운영하고 있는 사람이라면, 누구나 어느 정도는 가지고 있을 학문적 지식을 자신의 무기라고 생각할 가능성이 높다. 안타깝게도 학생들을 가르칠 정도의 학문적 지식은 이미 사회생활을 하는 사람에게는 크게 매력적인 무기가 되지 못할 것이다. 이런 경우, 보다 시야를 넓혀 현재 가지고 있는 활용 가능한 모든 자원들을 끄집어낸 상태로 생각해야 한다.

강남의 학원장인 경우로 돌아가겠다. 학원이라는 비즈니스 형태가 누구를 만나도 유리하게 만들어주는 경쟁력이 될 수는 없겠으나 그가 운영하는 '강남의 학원'이라는 공간을 생각했을 때 이는 의외로 좋은 경쟁력이 될 수도 있다. 강남의 학원의 경우 첫 번째로 임대료가 비싸고 사람들이 만나기 쉬운 지리적 특성을 지녔으며, 두 번째로 강의를 할 수 있는 시설은 누군가에게 모임 장소를 제공한다거나 강의 장소를 제공하기에 매우 매력적인 카드가 될 수 있다.

이런 논점으로 바라봤을 때 강남의 학원장이 가진 무기는 의외로 그가 가진 지식이나 비즈니스 형태가 아닌 소유하고 있는 재산에 기인할 수도 있는 것이다. 이 사람은 강남에서 잦은 모임 공간을 필요로 하는 사람, 또는 강의 공간을 필요로 하는 사람에게는 매우 매력적인 무기를 가진 사람이 된다. 알다시피, 자본주의 사회에서 공짜로 할 수 있는 일이 없다는 사실을 감안한다면, 그 학원장은 어차피 매월 납부해야 하는 임대료로 누군가에게 영향력을 발휘할 수도 있는 것이다.

한 가지 예시를 더 들어보자. 만약 당신이 모델이라고 한다면 누군가의 사업장에 홍보 모델이 되어준다거나 '얼굴마담'이 되어주는 것을 무기로 생각할 수 있다. 하지만 그 무기는 홍보 모델이 필요 없거나 이미 얼굴마담이 있는 경우 강력한 힘을 발휘하기 어려울 수 있다. 그럴 때는 오히려 항상 패션 트렌드에 민감한 자신의 감각이나 경험을 살려 세련되어 보이는 코디 방법이라던지, 패션컨설턴트로서의 자신을 무기로 삼는다면 외모를 중시하는 현대사회에서 오히려 더 큰 힘을 발휘할 수 있을 것이다.

이런 식으로 자신이 가진 모든 것에 대해 시야를 넓혀 검토해 보길 바란다. 그리고 어떤 무기를 찾아냈다면 그것이 얼마나 독보적인 것인지, 내가 만나는 사람들에게 필요한 것인지, 그리고 얼마나 많은 사람들에게 유용할 것인지를 기준으로 생각해서 가장 많이 부합되는 요소를 내 무기로 장착하고 그것을 꾸준히 강화하면 된다. 그리고 한 가지 알려주고 싶은 것은, 세상 모든 일에는 시행착오가 있기에 자신이 생각하고 개발한 무기가 생각보다 세상 사람들에게 영향력을 펼치기 어렵다는 생각이 들더라도 좌절할 필요가 없다는 것이다.

나 또한 내가 가진 다양한 인적 네트워크는 다양한 실패를 바탕으로 만들어진 것이다. 시간이 지나 그것이 갈고 닦아져 내가 지니고 있던 무기에 강력한 보조수단이 될 줄은 나도 미처 몰랐었다. 이러한 과정을 통해 나의 무기를 찾아냈다면 다음으로 그것을 어떻게 활용해야 할지 설명하겠다.

내 무기가 무엇인지 알고 싶다면,

먼저 자신이 가진 것이 무엇인지부터 볼 줄 알아야 한다.

인적 네트워크 넓히기 12

— 무기 활용법

'지피지면 백전백승'이라는 말이 있다 내가 아무리 날카로운 무기를 가진 사람이라 하더라도 상대가 방패를 들고 있을 경우, 내 무기는 적절하게 쓰이지 못할 것이다. 그러려면 상대에 대한 정보를 알아내야 하는 것도 매우 중요하다. 이것은 다양한 교류와 관계 유지를 통해 실현이 가능하다. 하지만 그 이전에 누군가를 많이 만난다는 것이 생각보다 쉽지 않을 것이다. 그래서 무기를 효과적으로 활용하려면 대상을 찾아내고 어프로치 하는 방법을 먼저 개발해야 한다.

흔히 사람 만나는 방법을 동호회나 종교 모임, 기타 친목 모임 등으로 국한시키는 경우가 많다. 물론 다 좋은 방법이겠지만, 나 같은 경우 어떠한 목적을 띄고 모임을 나가 불특정 다수를 만나는 것보다는 내가 지금 당장 또는 차후에 관계를 맺어야 하는 분야의 사람들을 직접 컨택하여 만나는 것을 선호한다.

예를 들어, 만약 방송과 관련된 정보를 얻고 싶다면, 광고주 입장에서 방송국에 직접 전화를 걸어 실무자와 미팅을 하면 된다. 투자와 관련된 지식이나 정보가 필요하다면 마찬가지로 원하는 유형의 사람을 서칭하여 컨설팅을 요청하면 된다. 물론 이 경우에 이런 것들을 악용하여 상대방에게 피해를 입히는 것은 안 하느니만 못한 일이다.

누군가를 만나려 할 때는 적어도 그 미팅 자리에서 상대방에게 자신 또한 필요한 사람임을 어필하거나 최소한 그 사람에게 필요한 지식이나 정보를 함께 공유하고자 하는 태도가 필요하다. 또한, 자신에게 정말 필요하다는 사람이라고 생각이 드는 경우, 일정 수준의 투자를 하는 것도 좋은 방법이 될 것이다. 하지만 이 경우, 너무 많은 시간과 노력을 필요로 한다는 단점이 있다. 이를 보완하기 위해 가장 좋은 방법은, 그들이 나를 먼저 찾아오게 만드는 방법이겠으나 이 부분은 매우 전문적인 전략이 필요하므로, 보다 현실적인 방법으로써 사회적 가치를 지닌 어떠한 집단이나 조직을 직접 구축하는 것을 추천한다.

예를 들어 설령 내가 전문적인 봉사자가 아니더라도 진심을 다해 누군가를 위해 봉사를 해야겠다는 마음을 가진 후 봉사활동을 중심으로 사람들을 모여들게 한다면 당신은 두 마리 토끼를 한 번에 잡을 수 있다. 알다시피 봉사활동이란 대가를 바라지 않고, 누군가를 이롭게 하는 행위이다. 어떠한 이해관계도 존재하지 않으며, 순수하게 타인을 돕고자 하는 마음으로 모인 이들이기에 사회적 지위 여하를 막론하고 공통된 가치 아래에서 같은 팀을 이룰 수 있다.

위에서 봉사 조직의 경우 진심으로 사람을 돕겠다는 의지를 먼저 확립한 후 실천으로 옮기라고 얘기했는데, 만약 이런 행위들을 단지 당신의 인적 네트워크 향상을 위해 이용하려고만 한다면, 공통된 가치를 중심으로 모인 사람들 사이에서 어차피 도태될 것이기 때문이다. 내 브랜드 슬로건은 '타인을 이롭게 하라'이다. '끼리끼리 논다'라는 말이 있듯이 사람은 누구나 자신과 비슷한 사람과 꾸준한 관계를 이어나가게 되어 있다.

나는 애초부터 '남을 잘되게 해야 내가 잘된다'라는 신념을 가지고 있었기에 여러 단체를 설립하고 흔히 말하는 돈 안 되는 일들에 집중할 수 있었다. 그리고 그것을 바탕으로 나처럼 타인을 이롭게 하려는 사람들을 만나게 되었으며 그 안에서 우리는 공통된 성장을 거둘 수 있었다.

만약 내가 나만의 이익을 생각하여 어떠한 조직이나 집단을 만들고자 한다면 그 조직에는 당신의 생각처럼 자신만을 생각하는 사람들이 모여들 것이다. 당연히 상호 간의 동반 성장을 이룩해내는 것은 매우 어려워진다. 많은 사람들이 단지 자신의 브랜드 가치를 높이기 위해 단체 등을 설립한다. NGO 활동을 약 8년여 간 해온 내 경험으로 비춰봤을 때 그런 단체들은 내부의 적이나 각자의 이기심으로 인해 무너져 내린다.

좋은 만남은 좋은 뜻에 의해 이뤄진다. 이것이 결여된 채 단지 네트워킹만을 위해 조직적인 활동을 하고자 한다면 그것은 내가 하고자 하는 말과 매우 대비되는 일임을 강조한다. 하지만 만약 제대로 된 가치관 확립 이후, 진실성 있는 조직 활동을 하게 된다면 그 조직을 바탕으로 당신의 인적 네트워크는 폭발적으로 넓어질 것이다. 물론 조직을 이끈다는 것은 또 다른 의미로 많은 노력과 기회비용을 투자해야 함을 뜻하기도 한다.

이도 저도 어려운 사람이라면 1인 미디어를 강화시켜 듣는 활동을 펼쳐보는 것을 권유한다. 바로 인터뷰를 얘기하는 것인데 생각보다 세상 사람들은 자신의 이야기를 펼치는 것을 매우 좋아한다. 이것은 지난 10년여 간 꾸준한 인터뷰 활동을 통해 밝혀낸 사실인데, 당신이 만약 1인 미디어를 성장시켜 어떠한 인터뷰 내용이 많은 이들에게 전달 효과를 가져올 수 있다면 그 자체로도 당신은 좋은 무기를 만들어낸 것이다.

이 경우 당신은 절대 닿을 수 없는 세상의 수많은 사람들과의 연결고리를 이어나갈 수 있다. 직접 해보면 알겠지만, 인터뷰가 좋게 진행되어 종료되었을 때 상대방과 매우 뜻깊은 유대관계가 형성되었음을 알게 될 것이다. 뜻깊은 유대관계가 형성되는 이유를 설명하자면, 상대방은 이미 인터뷰라는 명목 하에 상당 부분 자신의 개인사를 당신과 공유하게 된다. 자신의 이야기를 공유한다는 것은 곧, 당신과의 신뢰 관계가 깊어졌음을 의미한다.

우리가 친목 자리로써 술자리를 선택하는 이유도 바로 솔직하게 자신의 이야기를 상대방과 공유하며 유대관계를 만들 수 있기 때문이다. 이런 면에서 인터뷰는 매우 효율적이며 상대방을 이롭게 함과 동시에 여러 인적 네트워크 구성을 큰 비용 없이 만들어내는 기적과도 같은 결과를 도출한다.

좋은 인터뷰 기술이 많이 있지만, 그중 핵심적이라 할 만한 기술은, 상대방이 하고 싶은 얘기가 무엇인지를 캐치하여 계속 그 말을 하게 만들어주는 것이다. 자신이 하고 싶은 말을 할 때 나타나는 인간의 행동언어들이 있는데 긍정적인 표정, 당신에게 몸을 가까이 하는 액션, 혹은 질문하지 않아도 끊임없이 이야기를 이어나간다면 필시 그 인터뷰는 상대방에게 굉장히 긍정적인 방향으로 진행되고 있다는 뜻이다.

자, 어떤 형태로든 누군가와의 연결고리가 이어졌다면 다음으로 당신이 해야 할 일은 상대방이 무엇을 필요로 하는지를 간파하고 당신의 무기를 통해 조건 없이 상대를 돕는 것이다. 스물일곱 살, 사업을 처음 시작했을 무렵 매우 힘들었던 시기에 가장 많이 들었던 생각 하나가 '왜 내 친한 지인들은 내 사업을 도와주려 하지 않지?'라는 의문이었다. 한참이 지난 뒤에 알게 됐지만, 당시 그들이 나를 돕지 않은 이유는 단지 내가 도와달라고 하지 않았던 것이 전부였다.

당시 나는 나와 친한 사람들이라면 내가 말하기 전에 내 상황을 먼저 이해하고 알고 있을 것이라고 착각하고 있었다. 우리는 살면서 이런 커뮤니케이션적 오류를 끊임없이 범한다. 카카오톡

메시지를 확인하고도 답변하지 않는 행위, 상대방이 말하고 싶지 않은 순간에도 말을 유도해내는 행위 등은 별것 아닌 것처럼 사소하게 이어질 수 있지만, 그런 작은 이유로 인해 인간관계가 멀어질 수도 있다는 점을 기억하기 바란다.

남을 먼저 도우라는 이야기 또한 이런 내용에 기인한다. 남들이 부탁하기 전에 내가 먼저 상대방을 도움으로써 내가 가진 상대방에 대한 존중과 배려를 진실성 있게 전달할 수 있으며 이를 통해 상대방과의 관계를 개선함과 동시에 차후 상대방으로 인하여 만들어지는 여러 가지의 기회를 제공받을 수 있는 유리한 고지를 점할 수 있다.

또한, 내가 도왔음에도 상대방이 나를 스스로 돕지 않는다고 하여 내가 먼저 도왔다는 사실을 아깝게 여길 필요가 없다. 이것은 개인적인 생각, 혹은 가치관에 따라 이후의 상대방과의 관계가 결정될 수 있는 부분인데, 나 같은 경우 두 번에서 세 번 정도 먼저 도왔음에도 그것을 가벼이 여긴다든지, 고맙게 생각하지 않는 상대에겐 과감하게 신경을 끊는 편이다. 좋은 사람 한 명을 제대로 얻게 된다는 것은 인생에서 그냥 스쳐 지나가는 만 명의 인연보다 훨씬 더 강한 의미를 지닌다.

지금은 눈에 보이지 않겠지만 이런 식으로 당신 주변에 좋은 사람들을 꾸준하게 늘려갈 수만 있다면, 그 안에서 발생하는 실패들은 충분히 감수할 만한 가치를 지닌다. 여기서 오해하지 말아야 할 것은 자신의 무기를 이용해 이해관계를 조정하라는 뜻이 아니다. 당신 자신이 타인에게 이로운 사람이라는 것을 전제에 두고, 어떠한 관계 등 타인에게 피해로 돌아가지 않는 선에서 먼저 배신이나 이용당할 수 있는 수를 가급적 줄이면서 깔끔하게 이어나가라는 뜻이다. 이것이 바로 인적 네트워크를 만드는 방법과 무기 활용법에 대한 실전 노하우이다.

인적 네트워크를 넓히는 가장 현실적인 방법은,

사회적 가치를 지닌 집단이나 조직을 직접 구축하는 것이다.

아무것도 가진 게 없는 사람이 인적 네트워크를 넓히는 방법은? 13

아무것도 없는 경우에는 자신의 '무기'가 무엇인지 빨리 파악하는 것이 중요하다. 사람과의 만남의 접점을 만들기 전에 본인이 먼저 완성되어 있어야 한다. 돈, 인맥 등이 풍부하면 좋은 무기를 가진 것이겠으나 젊은 사람들일수록 금수저가 아닌 이상 이런 것들이 풍부할 리가 없다. 이런 경우 1인 미디어를 적극 활용하여 상대방에게 홍보에 도움을 줄 수 있는 사람이 되는 것이 가장 좋은 무기를 만들어내는 것이다.

인적 네트워크 구축에 있어 가장 중요한 것은 첫 번째 접점에서 상대방에게 도움 되는 어떠한 무기를 가지고 있느냐는 것인데, 쉽게 말해서 당신이 아무것도 없는 일반 직장인인 것과 일반 직장인이지만 30만 팔로워를 가진 인플루언서인 것은 누구를 만나도 천지 차이 수준으로 다른 결과를 만들어낸다.

만약 인플루언서 활동같이 대중 활동에 있어 약점을 보이는 이들이 있다면 최소한 주변의 인플루언서나 포털에 제휴된 언론사 등과 친하게 지내어 기사 송출 권한을 갖는 것, 이마저도 어렵다면 가장 고전적인 1인 미디어 활동인 블로그 활동이라도 꾸준히 하여 팔로워 확보에 노력을 기울이기 바란다. 그리고 자신의 1인 미디어에 어느 정도 그럴싸한 외형이 갖춰졌다면 우리 사회에 존재하는 '키맨'을 찾아 그들을 인터뷰할 것을 추천한다.

내가 얘기하는 키맨이란, 곧 나 같은 사람들을 얘기한다. 타인을 돕는 것에 적극적이고, 사회적인 활동을 하며, 수많은 사람과의 허브 역할을 하는 사람들이 존재한다. 상대의 성향은 페이스북, 인스타그램 등을 통해 그동안의 족적을 보고 충분히 파악할 수 있으며 인터뷰를 하라는 이유는, 그들의 정서적 만족을 충족시켜주라는 얘기이다. 책까지는 아니더라도 인터넷에서 '매슬로우A. H. Maslow의 욕구 5단계' 이론을 찾아보길 권한다. 꽤 많은 해답을 얻게 될 것이다.

인적 네트워크 구축에서

어떤 '무기'를 가지고 있느냐가 중요하지만,

가장 강력한 무기는 정서적 만족을 채워주는 것이다.

만나는 사람을 바꾸려면 내 위치를 바꿔라

14

혹시 이 책을 읽고 있는 분들 중에서 아직 사회적으로 자리 잡을 만한 시간이 부족한 이유로 영향력 있는 인물들 사이에서 좌절할 필요는 없다. 나이가 어릴수록 현재가치보다 미래가치를 더 높게 평가받기 때문이다. 젊은 사람들에겐 '시간'이라는 강력한 무기가 존재한다. 이는 만나는 사람으로 하여금 현재 모습만으로 브랜드 가치를 평가하기보다 향후 생겨 날 브랜드 가치까지 고려하게 만든다. 현재 300만 원의 가치를 지닌 사람이라도 나이가 어릴수록 얼마든 3억 원의 가치를 만드는 사람이 될 수 있다는 미래가치를 생산해낸다.

반대로 경험이 많고 경력이 많은 연장자의 경우 현재 자신이 지닌 영향력이 적다면 그간 해왔던 여러 일들을 정리해보고 커리어를 다듬는 과정이 필요할 것이다. 통상적으로 '나이가 많다'라는 얘기는 젊은 사람들에 비해 경험이나 관록이 풍부하다는 것을 내포한다. 그래서 자신의 커리어 중 가장 내세울 만한 커리어가 무엇인지, 그리고 그것이 지금 하려는 일과 어떤 인과관계가 존재하는지를 살펴본 후 도출되는 결과를 개인브랜드 마케팅으로 연결할 필요가 있다. 하지만 나이가 많고 적음을 떠나 공통적으로 적용되는 부분이 있으니 바로 '자리가 사람을 만든다'라는 것이다.

어떤 사람들은 흔히 능력이 됐을 때 어떤 자리에 앉는 것이 타당하다고 생각한다. 순서대로 본다면 맞는 얘기인 것처럼 보이지만 이는 사람들이 만들어낸 편견일 뿐, 조금 생각의 폭을 넓힌다면 자리를 만든 후 자리에 걸맞은 영향을 갖추는 것도 틀렸다고 볼 수 없다. 물론 하려고 하는 행위에 있어 어떠한 경험이나 능력이 없는 상태에서 자리만 만들려고 한다면 잘못된 방식이다. 내가 얘기하고자 하는 것은, 어느 정도의 경험과 노하우, 경력 등이 쌓여 있는 상태에서 이것이 단지 표면적으로 잘 정리가 되지 않아 개인의 영향력으로 연결이 안 되는 경우를 뜻하는 것이다.

나 같은 경우 어려서부터 글쓰기를 좋아했고, 필드 일선에서 영업활동을 해오다 보니 마케팅적 글을 쓰는데 아무런 문제가 되지 않았다. 스물다섯 당시 고졸이었던 나는 어머님이 뇌경색으로 갑자기 쓰러지면서 인생의 전환기를 맞이하였고 만나는 사람이 바뀌어야 인생이 바뀐다는 사실을 깨닫게 되었다(2장 '사람들은 누구나 돕지 않는다'에서 다루었다). 당시 어느 평생교육기관에 비정규직 조교였던 나는 그날로 일을 그만두고 사회적으로 성공한 사람을 직접 만나보기로 결심했었다. 이메일을 보내고, 용감하게 전화도 걸어봤지만 수십 명 되는 사람들 전부 연고도 없는 나에게 시간을 내어주지 않았다.

'무엇이 잘못됐을까?'라고 수차례 생각해봤지만, 되돌아오는 건 '넌 할 수 없어, 너무 보잘것없잖아'라는 좌절 섞인 자답뿐이었다. 반쯤 꺾인 마음으로 방황하던 중 서점에서 한 잡지책을 발견했다. 월간지였던 그 책에는 우리 사회에서 성공했다는 다양한 사람들의 인터뷰 자료가 실려 있었고, 그것을 본 나는 '내가 이 회사의 기자라면 얼마나 행복할까'라고 생각했다. 하지만 대학도 졸업하지 못한 나에게 손을 내밀어준 언론사가 있을 리 만무했다. 당시만 해도 기자라는 직업은 상당히 많이 배운, 지적인 엘리트들만 선택할 수 있는 직업이라고 생각했기에 아예 엄두를 낸다는 사실 자체가 우습게 느껴졌다.

집에 돌아온 뒤 혹시나 하는 마음에 구직 사이트를 뒤지기 시작했다. 항상 영업사원 생활을 전전했던 것과 달리 기자가 되어야겠다고 생각하는 순간 면접이라도 보고 싶다는 생각이 들었다. 설령 지푸라기라도 우선은 잡아보겠다는 생각이 들자, 행동이 시작됐다. 카테고리를 언론사로 바꾼 후 열심히 이력서를 넣었다. 그래도 글을 좀 잘 쓰면 글솜씨를 높게 평가한 어떤 곳에서는 혹시라도 연락이 오지 않을까 싶어 자소서만 5시간을 넘게 적었던 것 같다.

약 100여 군데에 이력서를 넣었는데 결과는 어땠을까? 놀랍게도 한 군데에서 내 글솜씨가 마음에 들었다며 같이 일해보지 않겠냐고 면접 제안이 들어왔다. 그곳은 시사 관련 월간지였고 서울 남쪽에 위치한 매체사였다. 면접 당일, 두근거리는 마음을 안고 알려준 주소로 가서 면접에 참석했다. 깜짝 놀랐던 것은 내가 도착한 그곳은 8층짜리 모텔 건물이었고, 6층으로 올라오라는 거였다. 한 번도 언론사를 가본 적이 없었기에, '원래 다 그런 건가?' 싶어 올라갔는데, 그는 나에게 주구장창 "잡지책을 한 달에 몇 권 정도 팔 수 있겠느냐"며 영업적인 얘기만 늘어놓았다.

면접을 마친 후 돌아오는 길에 이렇게 생각했다. '까짓, 기자 안 하면 그만이지.' 물론 그 회사로는 다신 발걸음을 옮기지 않았고, '앞으로 기자란 그저 영업사원으로밖에 보이지 않게 되었다'는 막연하기 그지없는 편견만을 안은 채, 사실상 기자가 되어야겠다는 생각을 접어버렸다.

지금 생각해보면 그때가 참 아찔했던 순간이다. 이후 한 매체사에서 면접을 보자며 연락이 더 왔었는데 듣지도 않고 끊어버렸다. 그렇게 시간이 흘러 일주일 정도 지났을 때 나는 내가 엄청난 실수를 저질렀음을 깨달았다. 전화를 끊어버렸던 그곳은 내가 그토록 가고 싶어 했던 우리나라 최초의 인터뷰 전문지였던 것이다.

사실을 깨달은 뒤 급하게 전화를 걸었지만, 돌아오는 답변은 면접이 종료되었다는 암울한 대답이었다. 나는 내 실수를 만회하기 위해 다음 날 아침 일찍 무작정 그곳을 찾아갔다. 삼엄한(?) 경계를 뚫고 입구로 가서 문을 열었는데 관리자로 보이는 사람 한 명이 무슨 일로 왔냐며 내게 물었다. 나는 자초지종을 설명하였고 면접만 한번 보게 해달라고 부탁했다. 나는 아직도 '간절함은 모든 것을 이겨낸다'라는 말을 믿는 편이다.

당시 나랑 옥신각신하던 그 상황을 입구와 가까이 있던 회장실 관계자가 듣고 이 상황을 매체사 회장님에게 전달해주었다. 당시 회장님은 열정이 가상하다며 나를 막고 있는 관리자에게 이력서를 한 번 더 검토해서 알려달라고 했다. 그렇게 나는 운 좋게 회장 면접을 볼 수 있었고, 3개월 동안 월급을 안 받을 테니 일만 시켜달라는 포부를 밝힌 뒤에서야 기적적으로 고졸 출신의 인턴기자가 되었다.

나중에 알게 된 사실이지만 나에게 처음 온 면접 제의 전화가 이력서를 잘못 보고 착오에 의해 걸려온 전화가 아닌가 싶다. 왜냐면 지금 그 회사는 지금까지도 고졸 출신의 기자를 단 한 번도 채용하지 않았기 때문이다. 그리고 내가 퇴사하는 날까지 인사 담당자를 제외한 모든 사람들이 나를 2년제 졸업자로 알고 있었다.

기자가 된 뒤 제일 먼저 한 일은 그렇게 만나자고 해도 답장 한 번 주지 않았던 '성공한' 사람들에게 인터뷰 요청 공문을 보낸 것이다. 그랬더니 놀라운 일이 일어났다. 답장조차 주지 않았던 그들에게 직접 전화가 온다거나 간부급 직원을 통해 어떤 미팅인지 의사를 타진한 것이다. 나는 이때 정말 큰 삶에 대한 인사이트를 얻었다. 분명 어제의 나와 오늘의 나는 같은 사람인데 결과가 180도 달라져 있었다. 매체의 기자 신분이 된 나는 '만나도 되는 사람'을 건너뛰고, '만나야 하는' 사람이 되어 있었던 것이다.

위에서 언급했던 것처럼 나는 인터뷰를 잘하는 전문 MC도 아니었고, 4년제 졸업자도 아니었으며, 어디선가 검증받은 글쓰기의 귀재도 아니었지만, 3개월이 지나자 그 회사에서 인터뷰와 글을 가장 잘 쓰는 에이스 기자가 되어 있었다. 내가 말하는 '자리가 사람을 만든다'라는 의미는 이런 의미로, 이 일을 계기로 내 삶 안에서 검증했다. 내가 어떤 위치에 있고 어떤 권한을 가지고 움직이느냐가 중요한 것이지, 그 과정은 생각보다 사람들에게 중요하게 여겨지지 않는다.

현대의 우리 사회는 고도로 발달되어 있는 경쟁사회이다. 모든 것을 갖추고 무엇을 한다는 것은, 보다 튼튼하게 갈 수 있는 요소가 될 수 있으나, 시시각각 늘어나는 당신의 잠재적 경쟁자들을 멈출 수까진 없다. 또 다른 의미로도 해석이 가능한데, 사람들에게 저마다 급이라는 것을 따진다. 물론 전부가 그렇지는 않겠지만 자본주의 사회에선 서로간의 레벨을 가려서 사람을 만난다는 것을 완벽하게 부정할 수 있는 사람은 많지 않을 것이다.

기업을 운영하는 나 같은 경우에도 사석이 아닌 비즈니스 자리라면, 결정 권한이 없는 대표 이하의 임원진이 미팅에 참석한 경우, 그렇지 않은 경우보다 해당 미팅에 모든 것을 쏟아붓지 않는다. 연예인들의 경우에도 소위 말하는 '급'에 따라 다르겠지만 누군가가 연락처를 물어볼 경우. 절대 자신의 연락처를 먼저 주지 않는다. 하지만 상대가 자신보다 브랜드 영향력이 강할 경우 번호를 받아내는 것은 훨씬 수월하다. 사람 가치에 귀천은 없다고 하지만 냉정하게 말하자면 이 사회에서 보이지 않는 귀천은 분명히 존재한다.

내가 개인브랜드 영향력을 높이는 데 인적 네트워크는 상당히 중요한 요인이다. 이런 인적 네트워크를 만들고자 한다면, 나에게 현재보다 더 나은 기회를 만들어 줄 수 있는, 즉 급이 더 높은 사람과 교류할수록 다양한 기회를 제공받고, 그에 따른 개인브랜드 영향력에 상승을 기대할 수 있는데, 그러려면 기본적으로 당신도 그 사람들 정도의 급이 되어야 하는 것을 명심하길 바란다.

자리가 사람을 만든다는 의미는 자리에 걸맞은 사람이 된다는 의미도 있겠으나, 보다 현실적으로 일단 어느 정도 '급'이 되어야 '자신이 생각하는 급 대'의 사람들과의 교류를 통해 실제로 그 정도 '급'이 될 수 있다는 뜻이기도 하다. 현재 당신의 자리는 어디이고 무엇일지 검토해보길 바란다. 만약 스스로 생각해도 너무 낮은 자리에 임하고 있다면 검토한 자신의 자리를 조금 더 초월하더라도 현재의 자리보다는 높은 곳에 임하길 바란다. 당신의 자리는 당신을 재탄생시킬 것이다.

당신이 자신감 있게 '어떤 자리에 먼저 앉느냐'에 따라
개인브랜드 영향력 강화의 속도는 크게 다르다.

인지도와 유명세의 허상 15

상담할 때마다 항상 물어보는 질문이 있다.

"개인브랜드를 뭐라고 생각하십니까?"

놀랍게도 열 명 중 서너 명은 다음과 같이 말한다.

"유명한 거 아닌가요?"

100% 잘못된 얘기이다. 유명세와 인지도란 특정 영역에서 잘 만들어진 개인브랜드가 높은 영향력을 발휘할 때 자연스럽게 만들어지는 산물과도 같은 것이다. 인지도나 유명세 등의 요소들이 어느 정도 브랜드 영향력의 척도를 나타내는 것도 사실이지만, 그것이 개인브랜드의 전부라고 얘기할 수는 없다. 유튜브에서 유명한 사람이라고 해서 무조건 해당 업계 전문가라고 볼 수 없는 것처럼 말이다.

개인브랜드를 논하는 많은 사람들이 인지도와 유명세를 고민하고 있지만 이를 해결하는 방법은 의외로 간단하다. 높은 투자를 바탕으로 노출도가 높은 대형 플랫폼에 투자하면 된다. 예를 들어, 시청률 높은 프로그램이 시작되기 전후의 TV 광고라든지, 네이버 같은 대형 포털의 메인 디스플레이 광고나 강남역처럼 유동인구가 많은 곳의 광고판에 반복적으로 노출시키면 된다. 이게 가장 확실하면서 안정적인 방법이다. 이런 광고비 투자는 인지도 확보와 더불어 높은 브랜드 로열티까지 만들어낼 수 있다.

하지만 그렇게 만들어진 유명세와 인지도는 파도치는 해변가 앞의 모래성과 같은 형국이라는 것을 명심했으면 한다. 언제 무너져 내려도 이상하지 않다는 뜻이다. 다양한 곳에 노출되기 전에 당신의 능력이나 경험 등 본질적인 내용에 문제가 없는지 검토해야 한다.

누누이 강조하지만, 개인브랜드를 만들고자 하는 사람이라면 무조건 본질부터 집중해야 한다. 맛집의 본질이 맛에 있고 요리사의 본질이 훌륭한 요리 실력이듯, 자신이 가진 실력이나 기술, 혹은 경험적인 문제에 있어서 어느 정도는 완성도를 만들어낸 이후. 그리고 그에 따른 검증된 근거 자료들을 확보한 이후. 인지도를 높이는 작업은 그 후에 해야 하는 작업인 것이다.

개인브랜드는 제품이나 기업 브랜드를 만드는 방식과 달라야 한다. 제품이나 기업 브랜드는 한번 제대로 만들어놓으면 내용이 바뀌거나 그 안의 속성이 변하는 일이 거의 없지만, 사람이 상품이 되어야 하는 개인브랜드에서는 하는 말 한마디, 심지어 생각까지도 시시각각 변할 수 있기에 많은 이들에게 알려지기 이전, 명확하게 추구하고자 하는 아이덴티티가 변할 가능성은 없는지 충분히 검토해야 한다.

예를 들어 평소에 게임 산업에 관심 없고, 그에 대한 이해도도 없는 한 정치인이 단지 표를 의식해서 게임 산업 활성화를 전면에 내세운 채 여러 플랫폼에서 자신에게 게임 산업을 이끌어가는 산업역군 이미지를 투영하려 한다고 하더라도, 관련 TV 토론에 참여해서 갖고 있지도 않은 게임 지식을 가지고 이야기를 풀어내려 한다면 그것은 표심을 잡는 전략에 있어서 최종적으로 득이 될지 실이 될지 생각해볼 문제라는 것이다.

요즘 보면 브랜드의 본질적인 가치를 잊은 채 인지도와 유명세만을 위해 콘텐츠로 승부를 보는 경우가 있는데, 대표적으로 타인의 글들을 이용하여 자신의 원고인 마냥 책을 발행하는 행위를 들 수 있다. 과거에는 이런 방식이 통했을지 모르겠으나 독자들의 교육 수준이 과거에 비해 현저히 높은 현시대에 아직 완성되지도 않은 자신의 생각이나 노하우를 담아 섣불리 시장에 인쇄물을 내놓는다면 그것은 당장 작가라는 타이틀을 달게 해줄지언정 정작 대중들이 원하는 진정한 의미에서의 작가, 즉 보다 남다른 인사이트를 얻기 위해 당신의 책을 집어든 독자에게는 당신이라는 브랜드의 방향을 오히려 왜곡시키는 역효과를 불러올 것이다.

물론 **[자리가 사람을 만든다]**라는 조언을 했던 것처럼 성급하게 책을 내는 행위가 100% 잘못됐다고는 볼 수 없겠지만 책은 출판이라는 특성상, 한번 출간하면 기록물로 남아 돌이킬 수 없는 특성을 지니고 있어서 정작 콘텐츠를 통해 자신의 자리를 만들고자 하는 사람들이 있다면 블로그, SNS와 같이 얼마든 했던 실수를 수정할 수 있을 만한 플랫폼을 선택하는 것이 훨씬 현명한 일이라고 조언한다.

고양이가 호랑이 탈을 쓴다고 해서 호랑이가 되지 않듯 그 호랑이가 유명해진다고 해서 그 안에 있는 고양이가 진짜 호랑이가 될 수는 없다. 오히려 고양이라고 놀림 받거나 관심 못 받고 끝나면 될 일을, 탈을 벗는 순간 세상의 조롱거리가 됨은 물론이고 분개한 사람들에게 돌팔매질을 받아 큰 부상을 입을 수도 있는 것이다.

'일단 유명해져라. 당신이 똥을 싸도 박수를 쳐줄 것이다'라는 말은 이미 밝혀진 것처럼 유명인이 한 말도 아니고, 어떤 근거가 있는 얘기도 아니다. 만약 당신이 개인브랜드 영향력을 높이기 위해 이 말처럼 인지도와 유명세를 중심으로 어떤 활동을 펼치고자 한다면 그것은 사투리 사전을 펼치고 표준어를 이해하고자 하는 행위와 크게 다를 것 없다. 부디 인지도와 유명세라는 달콤한 말에 속아 쭉쭉 커나갈 수 있는 당신이란 브랜드의 앞날에 스스로 장벽을 쌓아 올리는 우를 범하지 않길 바란다.

개인브랜드를 만들 때 가장 중요한 것은

'본질'에 집중하는 것이다.

인지도를 높이는 것은 나중 작업이다.

타인을 돕는 일은 곧 나를 돕는 일이다

16

내 브랜드 슬로건은 '타인을 이롭게 하라'이다. 남을 돕는 것이 왜 나를 성장시키는 것인지에 대해서 이해하지 못하는 분들이 많기에 원리에 대해 먼저 설명하겠다. 지금도 많은 자기계발 서적에서 보편적인 가치의 '사회적 성공(부와 명예 등)'을 논할 때 개인의 노력이나 성찰을 강조한다. 단언컨대, 이런 내용들은 성공에 대한 아주 1차원적인 접근 방식이다. 가장 밑바닥부터 차근차근 성장해온 내 경험에 의하면 자기 스스로 실력을 쌓는 등의 노력은 기본이고, 그것을 세상에 보여주고 끌어올려줄 수 있는 주변인과의 만남이 자기 노력 못지않게 핵심적이다.

아니, 좀 더 솔직히 말하자면 때로는 자기 노력보다 주변인의 존재가 훨씬 더 핵심적인 성공 요인으로 작용할 때가 많다. '기회는 준비된 자에게 온다'라는 말이 있지 않던가. 이 문장에 대해 근

10년을 고민해왔다. 그 결과 여기서 말하는 준비된 자라는 뜻은 '자기 노력'이고, 기회라는 것은 그것을 끌어올려주는 '주변인'을 뜻한다는 것을 알게 되었다. 인생에 있어 수많은 기회들이 당신 주변에 존재하는 '주변인'들과 그들과의 관계에서 나오게 되어 있다.

만약 우리가 흔히 얘기하는 '성공'이라는 것이 개인의 노력만으로 달성할 수 있는 것이라고 한다면 아마 지금 존재하는 대한민국 사람의 절반 이상은 전부 성공한 삶을 살고 있지 않을까싶다. 모든 일에 있어 '본질'이 무엇인지에 대한 통찰을 중요시해야 한다. 이를 위해선 어떤 상황이나 사건에 대해 'WHY'라는 문구를 습관적으로 던져야 한다.

나 또한 직업적으로 '성공'을 비즈니스 모델로 삼고 있기에 긴 시간 동안 '어떠한 것들이 아무것도 없는 이들을 성공케 하는가'에 대한 깊은 고찰이 존재했다. 그 결과 개인마다 성공의 방식은 다를 수 있어도 원리는 비슷하다는 것을 깨닫게 되었다. 주변을 찾아봐도, 직접 만나 얘기해봐도, 현장에서 컨설팅을 통해 성과를 낼 때도, 하다못해 역사적 인물의 위인전 등을 뒤져보더라도 누군가의 성공의 이면에는 흔히 '귀인'으로 불리워지는 사람들은 늘 존재해왔다는 것을 알 수 있다.

대한민국 사람이라면, 16세기 임진왜란사를 두고 얘기할 때 가장 활약한 인물이 누구냐는 질문에 당연한 듯 이순신 장군을 가장 먼저 얘기할 것이다. 내가 개인적으로 가장 존경하는 인물이기도 한 그는 불현듯 등장해 벼랑 끝까지 내몰려진 조선을 그야말로 신적인 능력으로 구출해냈다. 하지만 여기서 조금 더 깊이 들어간다면 이순신 장군의 활약 이면에는 그의 능력을 눈여겨보고, 그 능력에 맞게 천거하고 위기의 순간마다 구출해준 '류성룡'이라는 인물이 존재했다는 것을 알 수 있다.

그는 사람을 알아보는 능력인 지인지감知人之鑑의 천재로서 당시 종6품의 하부관료였던 정읍 현감 이순신을 무려 6단계를 뛰어넘은 정3품 전라 좌수사로 발탁하였다. 그리고 이것은 훗날 구국의 전쟁 영웅 '이순신'을 탄생시킨 발판이 되었다. 이 둘이 만나게 된 배경은 몇 가지 설이 존재한다. 현재의 서울 인현동 일대인 건천동 출신으로 어렸을 때부터 동네 형 동생 사이였다는 얘기도 있고, 어떤 사료에서는 특정한 에피소드를 통해 우연히 만났다는 얘기도 전해진다.

역사학자가 아닌 관계로 어떻게 만났는지는 정확히 알 수 없으나 확실한 건 임진왜란 훨씬 이전에 이순신이라는 사람을 알고 있었을 뿐만 아니라 그의 됨됨이를 제대로 알아본 류성룡이라는 인물이 없었다면 구국의 영웅 이순신도 어쩌면 존재하지 않았을 수 있다는 것이다. 잘 알려진 대로 이순신 장군은 문무를 겸비한 명장이었으나 워낙 청렴하고 대쪽 같은 성격 탓에 당시 상관들, 관료들과 종종 마찰을 빚었다. 지금으로 따지면 소대장이 대대장이나 사단장에게 눈 밖에 날 만한 상황들이 많았다는 것이다(승진 길이 막혔다는 얘기).

혹시 감이 오는가? 만약 류성룡이라는 인물과의 연이 이전에 존재하지 않았다면 그를 좋아하지 않았던 그의 상관들은 그를 중용하지 않았을 확률이 높다는 것이다. 군인으로서 실력은 출중했으나 내부 정치에 약했던 그를 메이저 무대에 발탁하고 끝까지 지켜줬던 것이 바로 류성룡이다. 위에 언급한 것처럼 '기회는 준비된 자에게 온다'라는 문장의 '준비된 자'가 이순신 장군 개인의 실력을 키우고 성과를 내왔던 것, 그리고 과거급제에 성공한 것이라고 표현한다면, '기회'는 그것을 알아보고 적극적으로 이끌어준 류성룡이 되는 것이다.

사실 과거 얘기를 차치하고 현시대만 보더라도 우리가 이름만 대면 알 만한 연예인들 중 상당수의 주변에는 그에 준하는 스타들이 연예인 데뷔 이전부터 관계를 맺고 있었음을 발견할 수 있다. 〈쇼미더머니〉라는 핫한 오디션 프로그램에 출연해 좋은 성적을 거둔 힙합 뮤지션들만 보더라도 마이너 무대에서부터 함께했거나 심지어는 중고등학교 동창들끼리 잘 되는 경우가 많음을 알 수 있다. 심사 과정에서 먼저 잘 된 주변인이 결과에 어느 정도의 영향을 주었을지 알 수는 없으나 적어도 〈쇼미더머니〉라는 무대에 참가해볼 것을 권유 정도는 충분히 했을 것이라는 예상은 할 수 있다.

요즘 핫한 유튜브 스타 같은 인플루언서들은 어떤가? 당신이 유튜브 시장에 조금이라도 관심이 있는 사람이라면 '인맥튜브'라는 말을 잘 알 것이라 믿는다. 유명 유튜버가 되는 가장 빠른 지름

길은 유명 유튜버가 도와주는 것이라는 것을 말이다.

우리는 모든 상황에 있어 모르는 사람보단 아는 사람을 선호하고 신뢰한다. 이유는 간단하다. 인간은 누구나 '불확실'에 대한 공포를 느끼기 때문이다. 또 이로 인해 본능적으로 항상 주변에 자기편인 '확실한' 사람을 두고 싶어 한다. 성공을 거두면 거둘수록 잃을 것이 많아지기에 이것을 지키기 위해서라도 조금 더 신뢰할 만한 사람들을 주변에 두는 것은 어쩌면 당연한 이치일 것이다. '끼리끼리 만난다'라는 말이 있듯 결국 주변인들 중 한 명만 대단한 성공을 거두더라도 그들의 니즈Needs에 의해 그가 거둔 성공의 일부가 나에게 기회로써 제공되어질 확률이 대단히 증가한다는 것이다.

하지만 우리는 우리 주변인들 중 정확히 누가 어떻게 어느 정도의 성공을 거둘지 알 수 없다. 심지어 내가 성공할 수 있을지에 대한 것도 정확히 알 수 있지 않은 것처럼 말이다. 이런 이유로 수많은 사람을 만나고 그들에게 필요한 사람이 되는 것, 그리고 이루기 전에 만나 관계를 만들고 이들이 성공할 수 있도록 돕는 행위 자체가 사실은 내 삶의 성공을 향해 나아가고 있는 것과 마찬가지라는 것이다.

여기서 중요한 개념이 바로 '타이밍'이다. 어렵게 생각할 필요 없이 현대사회의 사람들은 어떤 관계를 맺음에 있어서 그 의도를 중요시 여긴다. 자신이 성공하기 이전에 만나 교류해온 사람들과 성공한 뒤에 만난 사람들을 대하는데 있어서 입장이 다른 이유가 바로 여기에 있다. 같은 사람을 만나더라도 당신이 어떤 순간에 그를 만나느냐에 따라 당신에 대한 그 사람의 입장은 완벽히 달라지게 되어 있다.

솔직히 말해 나도 마찬가지이다. 무언가 이루기 전에 만난 사람들과, 이뤘다는 생각이든 이후에 만난 사람들에 대한 입장이 첨예하게 다르다. 물론 그것은 시간이 지남에 따라 상대의 인성이나 인격이 어떤지에 따라 입장이 바뀌기도 하지만 첫 만남에 있어 마음 장벽의 높이가 다르다는 것은 부정할 수 없는 일이다. 이것이 바로 당신이 잘되기 위해 많은 사람들을 보다 일찍 만나고 이들을 도와 이들이 보다 성공적인 삶에 안착할 수 있도록 해야 하는 이유이다. 결국 타인을 돕는 일은 곧 나를 돕는 일이 되는 것이다.

퍼스널 브랜드의 본질은 '성공'이다. 아무리 좋은 껍데기를 입히고 광고에 돈을 쏟아부어봤자 실력이 없으면 금방 들통나게 되고 이는 직업 활동의 지속 가능성을 떨어뜨린다. 내가 모든 강연자리에서 늘 하는 얘기가 있다. '맛집'은 주장하는 것보다 진짜 '맛있는 음식'을 만드는 것이 훨씬 더 중요하다는 것이다. 구닥다리처럼 들리겠지만 당신이 아무리 멋져 보이는 브랜드를 만들어내고 시장에 메시지를 던진다 하여도 부족한 실력으로 인해 대중들이 당신을 인정하지 않는다면 당신은 관념적으로 퍼스널 브랜드를 만들었을 뿐 궁극적으로 추구해야 하는 성공한 퍼스널 브랜드를 완성시키지 못한다.

모든 '성공'의 중심에는 '지속성'이라는 속성이 존재한다. 어제까지 완벽하게 성공한 사람이라 하더라도 하루아침에 폭삭 무너지게 된다면 그에 대한 사람들의 평가는 언제든 '실패한' 사람이 될 것이고 곧 실패한 퍼스널 브랜드가 되어버린다. 이런 지속 가능한 퍼스널 브랜드를 완성시키기 위해 가장 핵심적인 요소가 바로 당신 주변의 사람들의 존재라는 것이다.

주변 사람들의 존재는 너무나도 중요한 부분이기에 조금 더 쉬운 이해를 구하기 위해 식물을 예시로 들겠다. 아무리 종자가 튼튼한 씨앗이라 할지라도 비옥진 토양과 물, 비료, 광합성에 필요한 햇빛이 없으면 튼튼한 식물로써 뿌리 내리지 못한다. 이처럼 우리 삶의 성공 공식에 있어 '씨앗'이 바로 나 자신과 내가 할 수 있는 노력이라면, 태어남과 동시에 자연스럽게 갖게 되는 학연, 혈연과 같은 인간관계는 비옥진 토양이라 볼 수 있다. 여기에 비료와 물, 햇빛 등의 요소들이 바로 당신 주변에 이해관계로 엮여진 여러 사람들이다.

보통 이들은 '지연'이라는 단어 등으로 표현되는데, '당신 옆에 있는 사람의 클래스가 당신의 클래스이다'라는 격언이 있듯 사회적 성공에 있어 내 노력과 타고난 운명(집안 상황 등), 그리고 살면서 맺어가게 되는 당신의 주변 사람들의 영향력이 버무려질 때 비로소 당신이 그리는 '성공'이라는 모습이 구체화된다. 이유는 간단하다.

돈이 오고 사람이 오는 것이 아니라 사람이 오고 돈이 오는 것이기 때문이다. '돈'으로 표현하긴 했지만 여기서 말하는 '돈'이란 자본주의 속에서 가지고 있는 '가치'와도 일맥상통하는 얘기이다. 위에 언급한 것처럼 어떤 사회적 성공을 논하기 위해 단순히 자신의 노력만을 강조하는 이가 있다면 그것은 어떤 핵심적인 사실을 숨기고 얘기하는 것이거나 상황을 바라보는 통찰이 부족한 것이다.

조금 다른 관점으로 더 들여다보자. 전 세계 인류 전체를 놓고 모든 이가 공평한 것이 있다면 바로 그들에게 허락된 '시간' 정도일 것이다. 인간은 누구에게나 하루 24시간만 허용되며, 그 안에 일어나는 사건들과 그에 따른 작은 선택들이 모여 현재가 만들어진다. 그렇기에 어느 국가와 사회를 막론하고 성공한 이들이 가장 중요시 여기는 가치는 '돈'이 아니라 '시간'이다. '시간'이라는 조건을 내 상황에 맞게 그리고, 어떤식으로 쓰느냐에 따라 그 사람의 운명이 정해진다 해도 과언이 아니다.

이런 관점에서 상기했을 때 우리 모두의 몸은 하나이며 24시간이라는 공통된 시간 속에서 움직인다는 것을 알아야 한다. 그런 이유로 대부분의 사람들은 어떤 직업을 영위할 때 보통은 그들의 바운더리 중심으로 '주변인'들을 만나게 된다. 하지만 아이러니한 것은 당신 주변의 경쟁자들 또한 당신이 알고 지내는 주변 사람들과의 교집합이 만들어진다는 것이다. 이런 이유로 당신에게 제공되는 기회는 한정적인 자원 안에서 쪼개지게 되어 있다. 결국 업계에서 아무리 많은 시간 투자와 전문성을 갖추더라도 '그 밥에 그 나물'이 되어버리는 것이다.

결국, 진짜 자신의 업계에서 특정한 브랜드로서 자리매김하고자 한다면 당신이 영위하고 있는 직업이나 일 이외의 다른 분야 사람들에게 당신이 얼마나 알려지고 그들에게서 어떤 기회들을 가져올 수 있는지가 성공한 퍼스널 브랜드의 핵심적인 '키'가 된다. 똑같이 제공되는 24시간이라는 유한한 자원 안에서 내가 그동안 쭉 이어져 온 '시간'을 통해 내 업계에서 달성한 실적과 인프라, 그리고 나와 관계를 맺는 다른 업계의 다른 사람이 자신의 시간을 통해 달성해온 실적과 인프라가 겹쳐지는 순간 당신은 하루 24시간을 살아온 것이 아닌 48시간, 72시간을 동시에 살아오는 것이 되는 것이다.

나는 이런 것들을 두고 '기회의 창출'이라고 표현한다. 나와 관계를 맺는 주변 사람들이 자신의 시간을 통해 획득한 결과물들을 바탕으로 어떤 기회를 내게 제공하고 그것을 통해 나는 얼마나 성장할 수 있는지, 그리고 이것을 얼마나 마케팅을 통해 잘 융화시킬 수 있을지에 따라 많은 이들이 상대방을 '전문가'로 신뢰할 때 기준점으로 잡는 커리어, 약력 같은 보여지는 것들이 채워지게 되어 있다.

자, 그럼 퍼스널 브랜드의 본질은 '성공'이고, 이 성공을 위해 당신의 실력은 기본이고 주변인들의 존재, 관계 맺는 사람들의 면면이 얼마나 중요한 일인지 이해가 됐으리라 생각한다. 하지만 문제는 이런 것들을 안다 하더라도 기술적으로 어떻게 그 많은 사람들을 만날 것인지, 또 어떻게 관계를 맺고 그들에게 중요한 사람이 되어갈 것인지에 대한 궁극적인 실마리가 풀리지 않을 것이다. 그것을 가능케 하는 것이 바로 타인을 이롭게 하는 활동, 즉 '공적 활동'이다. 공적 활동이란 나 개인보다는 타인, 더 나아가서 나와 관계가 없는 수많은 사람들을 위해 내 시간을 쓰는 행위이다. 우리가 흔히 쓰는 다른 말로 '손해 보는 행위'가 바로 그것이다.

그렇기 때문에 많은 사람들이 자기 먹고 사는 데에만 급급할 뿐 주변 사람들에게 내가 어떤 도움을 줄 수 있고, 내 기여를 통해 어떤 사회적 발전을 이룰 수 있는지 귀 기울이지 않는다. 손해 보는 행위처럼 보이기 때문에 그렇다. 하지만 아이러니하게도 그런 편협한 생각으로 인해 그 사람은 발전하는 데 한계가 생겨버린다.

현실적으로 생각하라. 당신이 어떤 제약 없이 당신과 다른 분야에 종사하는, 당신과 소위 '급'이 다른 사람들과 관계를 맺고 그들과 친분 관계를 이어가고자 한다면 당신이 지금 영위하고 있는 한두 가지의 비즈니스 모델이나 한정적인 자본을 활용하는 것은 상대에게 큰 메리트를 주지 못한다. 다들 알고 있지 않은가. 세상에 돈 많은 사람들은 널렸다는 사실 말이다. 하지만 그들 모두가 절대적인 브랜드 영향력을 가지지는 못한다.

결국 영향력의 본질은 돈이 아니라 사람이다. 그리고 그 사람들을 움직일 수 있는 당신의 어떠한 것이 곧 당신의 브랜드 가치와 영향력이 되어 나타난다.

내 책의 서두에 다룬 '무기' 이론에 따르면 누구를 만나기 전에 당신이 어느 정도의 사람이 되어 있는지, 어떤 권한들을 가지고 있는지, 상대가 필요로 하는 어떤 것들을 얼마나 해결해줄 수 있는지의 여부에 따라 사람을 한 번 만나더라도 그 이후의 관계와 결과가 바뀐다. 당신이 대학교수 정도의 사회적 지위를 가졌다면 그 정도의 사람을 만나 관계를 맺는 것이 상대적으로 용이할 것이고, 어떤 회사의 직장인이라면 타 사업장의 대표와 연을 맺는 것은 매우 어려운 일이 될 것이다.

다른 말로 '자리가 사람을 만든다'라는 격언이 이 내용과 딱 어울리는 얘기인데 사실 이 부분에 대한 완벽한 해석이 선행한다 하더라도 방법론적으로 풀어낼 수 없는 것이 사실이다. 소위 말해 그 정도 '급' 되는 사람을 만나기 위해 당신이 그 정도 '급'이 되어야 한다는 것 자체가 매우 어려운 일이기 때문이다. 이것을 돌파할 수 있게 만들어주는 어프로치 포인트가 바로 언급한 '공적 활동'이다.

이외에도 방법론이 몇 가지 있지만 당신이 세상을 이롭게 하고자 하는 방향성을 정하고 이와 관련된 담론을 만드는 것, 그리고 이를 내세워 그 뜻에 동의하는 사람들을 모으고 어떤 공적인 활동을 하려 할 때 당신 주변엔 당신보다 훨씬 나은 사람들과 만남의 장이 열린다는 것을 깨닫게 될 것이다.

예를 들어, 글을 쓰고 있는 나조차도 "국도형을 좋아하는 사람 모여주십시오!"라고 세상을 향해 외친다면 아주 한정된 자원의 나와 비슷한 사람들이 모여들 것이다. 하지만 "사회적으로 어떤 문제를 해결해야 하니 힘을 모아주십시오. 총대는 국도형이 메고 가겠습니다"라고 얘기한다면, 국도형이 아닌 국도형이 내세운 가치 아래 수많은 사람들이 모여들 수 있는 장을 열게 되는 것이다. 그리고 당신은 이를 통해 모아진 여러 자원들을 활용해 마음만 먹으면 타인의 인프라를 활용해 자신의 영향력을 펼치는 데 도움을 받을 수 있다.

이를 위해선 지금 당장 당신 주변에 있는 사람들에게부터 당신이란 사람의 '신뢰'를 획득하는 것이 매우 중요하다. 매일같이 도박이나 주색에만 빠져 시간을 보내던 사람이 갑자기 사회적으로 좋은 일을 하겠다고 나서면 당신은 그를 따를 수 있겠는가? 또한 전혀 사회적으로 관심이 없는 사람이 그런 척을 잠깐 한다고 한들 당신보다 훨씬 나은 사람들이 당신을 따라가겠는지를 생각해보라. 이래서 평소에 가진 삶의 철학과 가치관이 중요하다는 것이다. 당신이라는 사람을 정의 내리고 보다 많은 이들을 도울 수 있는 형태로 메이킹해야 한다. 이를 통해 자신만의 가치철학을 세우고 특정 순간이 아닌, 항상 자신이 생각하는 옳은 일을 행할 수 있도록 '습관화'에 성공해야 한다.

이를 위해 방법론적으로 두 가지를 제시하겠다. 하나는 방금 언급한 내용처럼 자신의 기여를 통해 세상을 이롭게 만들 수 있는 방법론을 규정하라는 것이고, 다른 하나는 직업적으로 전문성을 띨 수 있는 마케팅 활동에 전념하라는 것이다. 후자의 경우 이 책의 가장 서두에 적어놓은 '영리하게 도우라'라는 내용과 이어진다. 타인을 돕되 그 도움이 가치 있는 도움으로 여겨져야 한다. 예를 들어 실력은 있지만 비용을 받지 못하는 당신의 어떤 재능을 통해 재능기부를 한다면, 상대방 또한 그냥 좋은 사람이 도와준 것으로 인식할 것이고, 실력이 부족해도 비용을 받으며 활동하는 재능이 있다고 한다면 사람들은 그 도움을 받았을 때 마치 돈을 받은 것과도 같은 약간의 책임감을 느끼게 된다.

이것이 당신의 직업이나 하는 일에 마케팅이 필요한 이유이다. 그렇게 하기 위해선 자신의 홈페이지나 블로그, 재능거래 플랫폼 등에 당신의 재능을 일단 비용화시키길 바란다. 그리고 뭐가 어떻게 됐든 사람들이 구매할 수 있도록 거래를 성사시켜라. 뭐가 어떻게 됐든 당신이 제시한 어떤 능력이나 재능이 비용화되는 순간 당신이 하는 당신 분야의 모든 타인을 위한 행동들은 공짜가 아닌 '기부'가 되어진다.

이 단계를 거쳤다면 그 이후부터는 타인을 돕겠다는 구체적인 스탠스를 취하라. 내가 언제든 당신을 도울 수 있는 사람이라는 것을 이미지화시켜 적극적으로 타인을 도우라. 그것이 무엇이든 관계없다. 당신이 약간의 생색을 내면서 도울 수 있는 일이 있다고 한다면 타인을 돕는 영역에 있어서 그것을 아끼지 말 것을 추천한다.

나 같은 경우 한 시간에 수십만 원씩 컨설팅비를 받고 있는 지금까지도 상대적으로 자본이 부족한 대학생들이나 열정은 있는

데 상황이 되지 못하는 사람들의 경우 사연을 듣고 비용을 많이 깎아주거나 아예 재능기부를 하고 있다. 하지만 이것은 내 철학과 가치관에 의한 선택일 뿐 내 재능이나 경험, 능력 등이 공짜라서 하는 것이 아니다. 그리고 나는 이것에 대해 분명한 기준을 두고 있다. 비용을 지불할 수 있는 능력이 되는 사람이라면 제대로 된 비용을 지불 받고, 그 기대치에 훨씬 상응하는 결과를 만들어 준다. 재능기부를 하는 경우에도 원칙대로 내 생각에 조금이라도 벗어난다면 절대로 그것을 행하지 않는다.

다만 내가 내 재능을 통해 사람들을 돕는 것은, 열정이 있고 아직 가능성이 무한대로 펼쳐진 지금 잠깐 '부족한' 사람들에 대한 가치투자일 뿐이라는 것을 알아야 한다. 그리고 나는 이런 것들을 사전에 정확하게 얘기하고 추후 그 사람이 잘됐을 경우에 대한 베니핏을 약속 받는다. 물론 모든 투자가 다 성공하지 못하는 것처럼 실패하는 경우가 훨씬 많긴 하지만 아까 얘기하지 않았는가. 그들 중 단 한 명만 큰 성공을 거두더라도 시간 투자 대비 훨씬 더 높은 기회비용을 얻을 수 있다.

여기서 얘기하고자 하는 것은 나처럼 따라하라는 것이 아니라 그 정도의 기준을 세우고 마인드셋을 하라는 것이다. 가끔 컨설팅 때 보면 어떤 퍼스널 브랜드를 컨설팅해준다는 사람들이 초반에는 최대한 재능기부를 하고 다니라는 조언을 들었다고 하며 어떻게 해야 하냐고 질문할 때가 있다. 방법은 맞지만 핵심을 짚지 못하는 얘기이다. 물론, 당신이 여러 사람들에게 당신의 재능을 알려주고 이를 통해 여러 가지를 확보하는 것도 틀린 방법은 아니다. 하지만, 무엇이든 목적지가 명확하고 이에 따른 방향성이 있어야 한다.

당신이 수돗물 틀어놓듯이 당신의 재능을 여기저기 공짜로 뿌리고 다닐수록 당신의 재능은 공짜가 된다는 것을 명심하라. 누굴 돕더라도 영리하게 도우라는 얘기가 바로 이 부분에 대한 얘기이다. 뭐든 목적과 목표를 명확히 하고 본인만의 기준점을 세운 뒤 재능기부를 선택사항으로 두는 것이 맞는 것이다. 가장 효과적인 방법은 조금 전에 위에 언급한 방법이니 참고하길 바란다.

이외에도 한 번 비용을 지불한 이들(또는 비즈니스로 연을 맺은 이들)에게 큰 수고가 들어가지 않는 방법으로 추가적인 도움을 준다든지, 다수를 대상으로 하는 강연 활동, 봉사 활동 같은 것들도 타인을 이롭게 하는 방법이 될 수 있다. 보다 세부적인 방법들은 경우의 수가 수없이 많아 다 다룰 수 없지만 큰 틀에서는 위의 방법대로 행하길 바란다. 꼭 기억하라. 타인을 돕는 행위가 곧 당신 스스로를 돕는 행위이다.

퍼스널 브랜드의 본질은 '성공'이다.

성공을 위해 당신의 실력은 기본이며

주변 사람들의 존재, 관계 맺는 사람들의 면면이 매우 중요하다.

Part 3

‘나’라는 브랜드의 체력을 기르자

First Branding

궁정적 마인드를 가져라

1

사실 진부한 표현으로 보이지만 굳이 브랜드가 아니더라도 긍정적인 마인드는 우리 삶에서 어떠한 것을 달성하고자 할 때 가장 핵심이 되는 요소이다. 어떤 사건이 일어났을 때 그것이 나에게 좋은 일인지 나쁜 일인지 판단하는 기준은 내가 그 사건을 어떻게 생각하느냐에 따라 달라진다. 예를 들어, 학창 시절 시험 점수가 아무리 공부를 해도 잘 나오지 않는 사람이 있다고 가정하자. 그 사람은 자신은 공부 머리가 좋지 않음을 개탄스러워 했고, 그로 인해 학교를 졸업하자마자 사업을 시작하여 남들이 학교를 다닐 나이에 큰 성공을 거두었다.

이 경우 학창 시절에 공부 머리가 좋지 않았기 때문에 일찍 성공한 셈이 된다. 학창 시절에는 그토록 자신의 학습 능력에 대해 좌절하고 분노했더라도 결과적으로 그 이유 때문에 사업을 해서 성공을 했다면 학습 능력이 없었던 것이 행운을 가져다준 셈이 된다. 인간은 누구나 바로 다음 날 일어날 일들을 완벽하게 예측하지 못한다. 그로 인해 항상 불안감에 휩싸이게 되고, 결과적으로는 지금 당장 눈에 보이는 것만을 생각하게 된다.

긍정적인 마인드의 가장 큰 장점은 그 사람이 가지고 있는 시야를 지금 당장이 아닌 그보다 조금 더 앞을 바라봐주게 해준다는 것이다. 또한, 그 앞날을 밝게 보기 때문에 관련된 무언가를 할 때 훨씬 더 즐겁고 확신에 찬 모습으로 임할 수 있게 만들어준다. 물론 지나치게 긍정적인 생각만을 하는 것에 대해 현실감각이 떨어진다며 비판적인 생각을 갖는 사람들도 있지만, 내 경험에 비춰봤을 때 차라리 조금 비현실적이더라도 무한히 긍정적인 생각을 하는 사람들이 발전 속도가 훨씬 빠르다.

긍정적인 마인드는 사람을 지치지 않게 만들어준다. 무언가 될 것 같다는 믿음과 할 수 있다는 용기는 평소 얼마나 긍정적인 마인드를 키워왔느냐에 따라 무한히 성장한다. 브랜드를 만드는데 있어 가장 기본이 되는 것이 지속성이다. 특정한 영역에서 어떠한 것을 꾸준하게 행해야 한다는 것인데 그 과정에서 때로는 고난을 겪기도 하고 좌절을 맛보기도 한다. 그래서 사람은 포기하게 된다. 많은 사람들이 포기하지 말라고 조언한다.

때로는 포기할 줄 아는 용기도 용기라고 말한다. 정확하게 말하자면 포기란 모든 것이 끝남을 얘기한다. 이후가 있을 수 없기 때문에 해당 일에 있어서 어떤 긍정적인 결과도 가져올 수 없다.

조금 냉정한 말일 수 있겠지만, 포기는 곧 실패를 얘기한다. 우리 모두는 이런 사실을 잘 알고 있지만 그럼에도 불구하고 포기하게 되는 경우가 많다. 무언가를 포기하고 싶은 순간에 그 생각을 바꿔주고, 다시 한번 도전하고 시도하게 만들어주는 용기는 누가 뭐라고 해도 그 사람이 가지고 있는 긍정적인 마인드로부터 시작된다. 긍정적인 마인드는 실패를 시행착오로 바꿔주고 원하는 바를 이루기까지 포기하지 않고 달려가게 만들어주는 에너지원이다.

그렇기 때문에 성공한 사람들 대부분은 본능적으로 부정적인 사람보단 긍정적인 사람들에게 훨씬 더 큰 호감을 느낀다. 동일성의 법칙이라는 것이 있다. 인간은 누구나 자신과 비슷한 사람에게 더욱 큰 호감을 느끼게 된다는 법칙인데, 앞서 말했듯 개인브랜드의 핵심이 인적 네트워크에 있다는 것을 감안한다면 굳이 다른 부분을 차치하더라도 이들에게 큰 호감을 이끌어낼 수 있다는 점은 자신의 브랜드를 키워 나가는 사람에게 큰 영향을 줄 수 있다 하겠다.

2013년경 아무것도 모르고 창업을 했던 나는 거의 두 달 반 동안 매출이 없어 컵라면만 먹고 지냈다. 당시에는 함께 창업을 시작했던 동료 2명이 더 있었고 우리는 될 것이라는 믿음 하나만 가지고 매일매일을 끈질기게 버텼다. 하지만 그것도 잠시 시간이 점차 흐를수록 내 마음속엔 '과연 내가 사업을 계속해나갈 수 있을까?'라는 의문이 들기 시작했다. 당시에 생전 만져보지도 못했던 800만 원을 대출받아 생계를 유지하고 있던 상황이었기에, 점차 줄어가는 돈에 비례해 불안한 마음이 커져갔다. 포기하고 싶다는 생각이 들었다. 하지만 800만 원을 갚을 자신이 없었다.

여기저기 조언을 구해봤지만 딱히 묘안이 생기지 않았고, 피우지도 않았던 담배에까지 손을 대게 되었다. 그때 내 마음속엔 후회만 가득했다. '시작하지 말걸', '남들처럼 얌전히 취업이나 할걸' 따위의 생각들이 담배와 함께 애간장을 태우고 있는데, 같이 일했던 동업자가 내게 다가와 표정이 안 좋아 보인다며 무슨 일이 있냐고 물었다. 비록 나이도 같고 시작을 같이한 사이였지만 리더의 입장에서 나의 불안감을 얘기할 수는 없었다. 대충 집안에 일이 있다고 둘러댔는데 그 동업자는 마치 다 알고 있다는 듯이 너무 걱정하지 말라면서 다독여줬다.

억지로 웃어 보이며 괜찮다고 말하는 나에게 그 동업자는 이렇게 얘기했다. 우리가 비록 지금은 모텔 같은 사무실에서 삼시세끼 컵라면을 먹고 있지만 이런 시간들을 언젠가 추억으로 남길 수 있는 거 아니냐면서, 부족함을 알기에 우리는 더 잘될 것이라고 말했다.

지금 생각해보면 별일 아닌 것 같지만 당시 내가 느꼈던 감정은 위로이기보다는 희망에 가까웠다. 지금의 어려움이 나중에는 특별한 추억이 된다는 것을 깨닫게 되었고, 동시에 처해진 상황이나 환경을 내가 어떻게 생각하느냐에 따라 다음 내 행동이 변화한다는 것 또한 깨달을 수 있었다. 결과적으로 그 작은 계기를 통해 그로부터 일주일 뒤 그전에 다니던 회사에 사장님에게 전화를 걸어 220만 원짜리 첫 계약을 따내는 데 성공했다. 그리고 이후에도 힘들고 고된 시간들이 중간중간 이어졌지만 그 때마다 당시를 회상하며 내 앞날에 대해 긍정적으로 생각하게 되는 습관을 가지게 되었다.

우리 삶은 항상 수많은 선택에 놓여 있다. 어떤 일을 겪게 되었을 때 내가 그 일을 어떻게 생각하고 그걸 바탕으로 그 다음 무엇을 하느냐에 따라 그 다음에 인생 모습이 정해진다. 그 중심에는 항상 모든 일은 잘 풀릴 것이라는 튼튼한 긍정적인 마인드가 뿌리 깊게 박혀야 한다. 현대의 개인브랜드는 남들에게 없는 내 경쟁력을 찾아내고 그것을 강화시키면서 새로운 사람들을 만나 어떤 기회를 창출함에 따라 만드는 방법이 달라진다. 그렇기에 항상 겪어보지 않은 일에 대한 자기 확신이 바탕이 되어야 한다.

만약 당신이 앞으로의 미래가 밝게 느껴지지 않는다든지 무엇을 해야 할지 모르겠다면, 가장 먼저 지금 상황을 어떡하면 좋게 생각할 수 있을지에 대해 고민해보는 것을 추천한다. 다시 한번 강조하지만, 긍정적인 마인드가 당신의 삶 속에 뿌리내려 있지 않다면 당신만의 브랜드를 만들기는커녕 불행한 삶만이 계속될 것이다. 무조건 좋게 생각하라. 그리고 무조건 잘될 것이라고 생각하라. 포기하지 말고 고민할 시간에 그것을 어떤 식으로 해결할지에 대해 고민하라. 지나고 나면 추억이 되고, 당신만의 이야기로 완성될 것이며, 그것은 당신이라는 브랜드를 만들어내는 아주 특별한 요소로 작용될 것이다.

평소 긍정적인 마인드를 얼마나 키워왔느냐에 따라

브랜드는 무한히 성장한다.

포기하지 말고, 꾸준히 버티는 게 핵심이다

2

세상의 모든 일이 그렇지만 포기하지 않는 것이 성공의 가장 큰 지름길이다. 포기하지 않는다는 것은 뭐가 어떻게 됐든 무언가를 꾸준히 해 나아간다는 뜻이기 때문에 될 때까지 한다고 생각하면 무조건 성공할 수밖에 없다는 논리이다. 개인브랜드를 만드는 과정은 반드시 시간이 필요한 문제이기 때문에, 포기하지 않고 꾸준히 브랜드 활동을 해 나가는 것 자체가 매우 핵심적인 요소이다.

인맥을 만들어내는 과정, 내 무기를 찾아내고 만들어내는 과정, 내 브랜드 전략을 세우는 과정. 이 모든 과정들이 남들은 크게 생각하지 않는 부분들이기에 개인브랜드를 만들고자하는 사람들에게는 '사서 고생한다'라는 말을 들을 수도 있다. 당장 눈앞에 뭔가 달라지지 않기 때문에 누군가에겐 이 과정 자체가 매우 험난한 여정일 수 있다. 남들이 주말에 여가시간을 보낼 때 책을 쓴다거나 유튜브 촬영 등을 해야 할 수 있으며 많은 사람들의 관계 속에서 지치는 경우도 허다하다. 그래서 당연한 얘기 같지만 포기하지 않으려는 삶의 태도가 매우 중요하다.

한 강연회에서 참여한 한 분이 나에게 와서 이런 얘기를 한 적이 있다.

"선생님, 아무리 머리를 굴리고 노력해도 내 삶의 영향력이 도무지 증가하는 것 같지가 않습니다. 이럴 때는 어떻게 해야 하나요?"

나는 한 치의 망설임도 없이 이렇게 대답했다.

"영향력이라는 것은 눈에 보이는 것이 아닙니다. 어느 순간 뒤돌아봤을 때 남들이 하지 못하는 어떠한 일들을 여러 사람들의 도움을 받아 가볍게 해낼 수 있을 때, 그 때 비로소 체감할 수 있는 것입니다. 조급해하지 마시고 기다리십시오. 그리고 하던 것을 포기하지 말고 계속 해 나아가십시오. 가끔 어려운 문제에 있어서 좋은 해답을 주는 것은 아이디어를 새롭게 내는 것이 아니라 하던 것을 더욱 완벽히 수행해 낼 때 찾을 수 있습니다."

인간의 삶은 매우 규칙적인 것 같지만, 들여다보면 한 치 앞도 예측하기 어렵다. 오늘 쫄쫄 굶던 사람이 내일도 굶으라는 법이 없듯이 결국 어떤 일을 함에 있어서 승패를 예상할 수 있는 것은 그때 가봐야 알 수 있다는 것이다. 때로는 주변에서 '포기할 수 있는 용기도 용기'라든지 '그만큼 했으면 됐어'라고 얘기하는 사람들이 있는데, 강조하지만, 그런 위로들은 당신이 달성하고자 하는 목적에 있어서 어떠한 긍정적인 작용도 하지 못한다.

당신이 하고자 하는 행위들이 사회통념이나 법류에 위반되지 않는 것이라고 한다면 우리 삶에 잘못된 길은 없다는 것이 내 지론이다. 당신의 목표나 목적이 달성하기 어려운 것일수록 누구나 포기하게 될 가능성이 높다. 하지만 그것을 이겨내고 쟁취하는 소수만이 사람들로부터 존경을 받을 수 있는 강력한 개인브랜드 영향력을 갖추게 된다. 상식적으로, 페이스북을 만든 마크 저커버그 Mark Zuckerberg가 만약 오늘날의 페이스북을 탄생시키지 못했다고 한다면 그 또한 말을 잘하는 사람일뿐 말 한마디 한마디가 영향력 있는 사람이 되지는 못했을 것이다.

생각해보면 페이스북이라는 글로벌 기업을 만들어내는 일 또한 엄청나게 어려운 일이지 않은가. 결과적으로 그는 그것을 달성해 냈고, 그 과정에서 발생되는 무수한 위기와 고난 등을 이겨내었을 것이다.

앞에서 얘기했던 긍정적인 마인드 훈련이 되어 있는 사람들은 그렇지 않은 사람보다 포기할 가능성이 훨씬 적다. 그리고 포기할 가능성이 줄어들면 원하는 목표를 달성할 확률이 높아진다. 개인브랜드 영향력을 만드는 데 가장 간단하면서도 어려운 방법은 누구도 해내지 못할 업적을 달성해내는 것이다. 그것이 경쟁력이 되고 강력한 무기로 재탄생되어 당신이라는 사람의 영향력이 증대되고, 이것이 커짐에 따라 타인에게 주는 영향력도 강력해지는 것이다.

이것을 꼭 기억하길 바란다. 강력한 개인브랜드는 자기 자신과의 싸움에서 이겨내는 것부터 출발한다. 그 모습이 설령 거대한 성공을 담보하지 않더라도 자신의 인생에서 목표한 바를 꾸준히 달성해가는 사람은 만들고자하는 브랜드 가치의 튼튼함이 질적으로 다르다. 결과적으로 영향력 있는 개인브랜드를 만들려면 인생에서 큰 성공을 거두어야 되는 것이 아니냐고 반문할 수 있겠지만, 내가 말하는 내용들은 성공을 전제한다기보다는 성공을 거두기 위해 포기하지 말라는 과정에 대한 조언에 가깝다.

어차피 세상에 나 자신을 제외하면 절대적으로 믿을 만한 존재는 많지 않다. 개인브랜드 영향력을 키우는 문제는 내 삶의 주도권을 온전히 내가 쥐는 것과 마찬가지이기 때문에 편법이나 과포장된 마케팅 방식에만 의존하지 말고, 크든 작든 목표한 바를 포기하지 않고, 달성할 수 있는 본질에 대해 깊이 고민하고 단련할 수 있는 과정을 겪어내길 바란다.

긍정적인 생각을 가지고 포기하지 말라. 그리고 그것을 바탕으로 목표한 바를 반드시 달성해내는 브랜드 신뢰를 키워라. 어느 순간 많은 사람들이 당신을 우러러볼 것이며, 이 과정에서 생겨난 많은 인간관계들이 당신에게 수많은 기회를 제공할 것이다. 이것이 꾸준하게 이어지면 그것만으로도 높은 개인브랜드 영향력을 갖출 수 있다. 그리고 그것은 향후 닥치게 될 어떠한 위기상황에서도 당신이라는 브랜드가 흔들리지 않도록 굳건히 지탱해줄 것이다.

강력한 개인브랜드는 자기 자신과의 싸움에서

이겨내는 것부터 출발한다.

'할 수 없다'라는 사람을 경계하라

3

내가 가장 맹신하는 말 중에 하나가 '누구를 만나느냐에 따라 인생이 바뀐다'라는 말이다. 보통 이 말의 뜻은 자신보다 훨씬 더 잘나고 가진 것이 많은 사람을 만나야 한다는 뜻으로 해석하는 사람들이 많지만, 꼭 그렇게 정의 내릴 이유는 없다. 물론 자신보다 잘난 사람과 교류하는 것은 수많은 장점들이 있겠지만 내 경험상 그렇게 잘난 사람들이 아무 이유 없이 당신과 터놓고 긴밀한 사이로 발전될 가능성은 매우 적다.

예컨대 삼성그룹의 이재용이 당신을 마음먹고 도와주면 인생이 확실히 바뀔 가능성이 높겠지만, 아쉽게도 일반사람들이 이재용을 만나 자신을 도와줘야 하는 이유를 어필할 수 있는 과정이 만들어지는 것 자체가 불가능에 가깝다. 물론 이는 극단적인 비유겠지만 잘난 사람을 만나려거든 자신 또한 잘나져야 하는 것이 세상에 보이지 않는 인간관계의 기본 룰이기 때문에, 이 말에 대한 의미를 보다 현실적으로 들여다볼 필요가 있다.

개인브랜드 매니저로서 내 삶의 꼭 필요한 사람이란 당신이 무엇을 하든 용기를 불어넣어 주고 할 수 있다는 자신감을 끝없이 고취시켜주는 사람이다. 혹자는 주변에 너무 그런 사람들만 있으면 현실감각이 무뎌져 문제가 될 수 있다 하지만 나는 이에 동의하지 않는다. 인생에 버릴 경험은 없다는 말이 있듯이 무엇이든 생각보다 실천하는 것이 개인의 발전을 위해 이롭다.

앞서 설명한 것처럼, 비록 어떤 일이 실패로 마무리되더라도 그 안에서 얻을 것들 또한 분명히 존재하기 때문에 무엇이든 실천하려는 마음가짐이 중요하다. 그러기 위해서는 수많은 세상의 편견들과 마주해야 한다. 좋은 예시로 오디션 프로그램에 나와 성공을 거둔 연예인들을 예로 들 수 있는데, 그중에는 가수의 꿈은 둘째 치고, 오디션 프로그램에 출전 자체를 주변에서 막은 경우가 허다하다. 만약 해당 연예인이 그런 말을 듣고 아예 출전조차 하지 않았다면 그 사람은 자신이 쟁취할 수 있는 성공적인 미래에 대해 상상만 펼치다 인생이 끝났을 것이다.

어차피 모든 결정은 자기 자신이 내리는 것이다. 무엇이든 간에, 실패를 두려워하지 않고 꾸준히 실천하다 보면 생각지도 않았던 기회가 생겨나거나 작은 성공을 거두는 일들이 생겨나게 되어 있다. 가장 큰 문제는 무엇을 시작했을 때 따라오는 결과가 아니라 시작도 해보지 못하고 생각만 하다 시간을 보내는 것이다. 세상에 많은 진리가 존재하지만, 가장 확실한 인생의 진리 중 하나가 시간은 돌아오지 않는다는 것이다.

우리는 너무 많은 시간을 고민하고 생각만 하다가 허비한다. 당신이 생각했을 수많은 아이디어 중 분명 세상을 바꿀 수 있는 위대한 아이디어라든지 자신의 삶을 변화시킬 수 있는 방법들이 분명 존재했을 것이다. 하지만 위에서 언급했듯, 대부분의 사람들은 그런 아이디어들이 세상에 나오기도 전에 스스로 죽여버린다. 백 번, 천 번 강조해도 모자라지만 성공적인 개인브랜드를 만들려면 수많은 경험들에 의한 순간순간에 선택이 무엇인지가 중요하다.

그러려면 무엇이든 긍정적으로 생각하고 실패하더라도 실천하려는 의지와 평소 습관이 중요한데, 아쉽게도 대부분의 사람들이 이를 알면서도 행하지 못한다. 그렇기 때문에 내가 어떤 새로운 시도를 한다고 하면 주변에 많은 사람들이 그것을 응원하고 지지하기보단 말리게 되는 것이다.

아이러니한 것은 그렇게 얘기하는 사람들 중에 자신이 하려는 행위를 제대로 해보고 얘기하는 사람은 극히 드물다. 축구경기에서 같은 포지션에 누가 뛰느냐에 따라 경기 결과가 달라질 수 있듯이 설령 해보고 잘 되지 못한 사람이더라도 다른 사람이 그 일을 했을 때의 결과를 장담할 수 없는 것이다. 하물며 축구화를 신어본 적도 없는 사람이 내가 축구선수가 되겠다는 것을 말리는 상황을 상정하고, 그것이 얼마나 우스운 상황인지 깨달아야 한다.

이런 이유로 나는 처음에 언급했던 '누굴 만나느냐에 따라 인생이 바뀐다'라는 얘기를 이렇게 해석한다.

당신이 곁에 두어야 하는 사람은 새로운 무언가를 하려고 할 때 그것을 맹목적으로 지지하고 응원해줄 수 있어야 한다. 그리고 그런 사람들이 주변에 많아질수록 당신이 하고자 하는 어떠한 시도가 성공적으로 마무리될 확률이 높아진다. 오히려 자기 스스로 확신이 없고, 자신 없는 일일지라도 당신 곁에 있는 사람들로 인해 없던 자신감도 생겨나 실천할 수 있도록 만들어져야 한다.

같은 상황을 두고 후대의 역사가가 어떻게 평가하느냐에 따라 결과가 달리 보이듯, 무슨 일이든지 간에 내가 실패라고 생각하지 않는다면 어떤 일이든 두려워할 이유는 없다. 그렇기 때문에 당신이 하는 모든 일에 있어서 잘될 것이라는 믿음과 확신을 한순간도 저버릴 이유가 없다. 하지만 인간은 사회적 동물이라는 얘기가 있듯 이상과 현실엔 때때로 괴리가 존재한다.

그중 하나가 바로 당신 주변에 존재하는 부정적인 시각의 사람들이다. 그들은 당신이 무엇을 하든 간에 하지 못할 것이라 얘기하고 할 수 없을 것이라 얘기한다. 자신들이 해본 적 없는 일들 또한 당당하게 하지 말라고 얘기한다. 그들은 자신들을 현실주의자라고 표현하며 마치 냉철하고 상대방을 진심으로 생각하는 것마냥 행동하지만 실제로 그들은 자신의 그런 표현들이 상대방에게 얼마나 큰 피해를 줄 수 있을지 고려하지 않는다.

'끼리끼리 논다'라는 얘기가 있듯 부정적인 사고방식을 가진 이들 주변엔 부정적인 사고방식들을 가진 사람만 존재한다. 그들은 절대 새로운 것을 시도하지 않으며, 시도에 대한 결과가 좋지 않게 끝나지 않은 것이라고 확정한다. 그리고 그런 것에 대한 자신의 생각을 주고받으며 부정적인 생각을 강화시킨다.

이 책을 읽는 당신이 성공적인 브랜드를 구축하고자 한다면 주변의 부정적인 마인드를 가진 사람들부터 거리를 두는 것을 추천한다. 한 분야에서 브랜드가 된다는 것은 하루아침에 만들어지는 것이 아니라 수많은 시행착오와 실패 그리고 그 안에서 발생되는 많은 인사이트와 노하우 등을 필수적으로 갖춰야 한다는 것이다.

그러려면 좋든 싫든 생각하기보다는 실천해야 한다. 혹시 너무 긍정주의자들만 모여 있으면 현실 상황을 망각하게 되는 것이 아니냐고 생각하는 사람들이 있겠지만, 적어도 한 번 사는 삶에서 자신이 가지고 있는 능력이나 재능이 무엇인지 펼쳐보지도 못하고 시간만 보내는 것 보다 백 번, 천 번 가치 있는 일인 것이다.

그렇다고 지금 당장 기존의 인간관계를 뒤엎으라는 것이 아니다. 다만 앞으로 보낼 시간들에 있어 새롭게 생겨나는 인연들만큼은 이런 뚜렷한 기준을 가지고 만들어나가길 바란다. 당연한 얘기 같지만 누구나 혼자 세상을 살 수 없기에, 누구를 만나서 가느냐에 대한 문제는 성공적인 개인브랜드를 만드는 데 있어 신중히 검토해야 할 문제이다.

무엇이든 실천하려는 마음가짐이 중요하다.

설령 어떤 일이 실패로 마무리되더라도

그 안에서 얻을 것들은 분명히 존재한다.

밑바닥부터 올라가라

4

사람들은 흔히 성공한 모습과 개인브랜드 영향력을 동일시한다. 물론 높은 브랜드 영향력은 실체 있는 성공과 그가 만들어낸 다양한 업적들에 기인하겠지만, 모든 것을 외형적으로 보여지는 성공한 모습만을 두고 판단할 이유는 없다. 결과론적으로만 회자되는 사회적인 성공과 달리 브랜드라는 것은 다양한 요소가 모여 영향력을 만들어내는 형태이기 때문에 성공해서 브랜드가 만들어진다기보다는 제대로 된 브랜드가 만들어져서 성공할 수 있다는 것이 순서적으로 옳다.

즉, 외형적으로 보여주기식 퍼포먼스만 가득한 사람이라면 성공한 것처럼 보일 수는 있겠으나, 그것이 실질적으로 온전히 브랜드 영향력으로 이어지는 것은 어렵다. 이유는 간단하다. 제대로 된 본질 없이 껍데기만 그럴싸하게 만들어놓은 이들은 피치 못할 이유로 껍데기가 벗겨짐과 동시에 실체가 드러나 그동안 일궈놓은 것들이 한방에 우르르 무너져 내릴 수도 있기 때문이다. 영향력 있는 개인브랜드를 만들고자 하는 사람이라면 겉으로 보여주는 껍데기보다 내실을 먼저 충실히 다져야 한다.

앞서 얘기했지만 기본기도 없는 사람이 전문가로 포장된다고 해서 진짜 전문가가 되는 것은 아니다. 상담을 하다 보면 많은 이들이 자신이 가지고 있는 기본기나 본질을 뒤로한 채 보여주기식 활동에 치중하려는 경향을 볼 수 있다. 강조하건데 개인브랜드를 만드는 일에 있어 시작점은 포장을 하는 것이 아닌 진짜 실력을 갖추는 것이다.

나는 브랜드 만드는 일을 탑 쌓는 것에 자주 비유한다. 맨 아래 넓고 탄탄한 기반을 갖추고 쌓아올리지 않은 탑은 시간이 지날수록 그 형태가 불안해져 무너져 내리기가 쉽기 때문이다. 이런 것을 방지하기 위해 모든 일은 밑바닥부터 시작해야 한다는 것을 당연하게 여기길 바란다.

여기서 말하는 밑바닥이란 자신의 분야에 있어 기초부터 다져가라는 얘기인데 현재 상태에서 어느 정도 스킬이나 실력이 특정 수준으로 올라가 있는 사람일지라도 내 브랜드를 만드는 활동을 염두에 두고 있는 사람이라면 초심으로 돌아가 무언가 놓치고 있는 부분은 없는지 살펴보는 것 또한 매우 의미 있는 일일 것이다.

가장 아래 단계부터 차곡차곡 쌓아올린 브랜드 가치는 특정한 사건 한 번으로 무너져 내리지 않으며, 시간이 지날수록 생겨날 주변의 시기와 질투 속에서도 굳건하게 흔들리지 않도록 만들어 주는 자양분이 된다. 가장 밑바닥부터 시작한 사람들은 으레 수많은 시련과 고난을 겪게 된다. 그리고 그것을 해결해나가면서 남들은 가지지 못한 수많은 인사이트와 노하우를 습득하게 되는데, 비록 당시에는 힘에 부칠지 모르나 이런 경험들은 시간이 지날수록 자신만의 경쟁력으로 자리 잡게 된다.

그리고 이런 것들이 반복됨에 따라 그 사람이 가지고 있는 경쟁력은 누구도 따라올 수 없을 만큼 강력한 무기로 진화한다. 또한 남들이 해내지 못한 일들을 해냄으로써 대중들의 지지와 존경을 얻게 되는데 이것을 두고 흔히 업적이라 표현한다.

빵빵한 지원과 도움 속에서 무언가를 시작한다면 가는 속도는 빠를 수 있겠지만, 한 번이라도 잘못된 길을 선택했을 때 다시 되돌아와 그 길을 처음부터 걷는 것은 매우 어려운 일이다. 속도보다는 방향이라는 말이 있듯이, 올바른 방향점을 갖기 위해선 내가 가는 길이 정작 가고자 하는 길인지에 대한 올바른 판단이 필요한데, 밑바닥부터 성장하며 다양한 경험을 겪어온 이들은 이 부분에 있어 혼란을 겪지 않는다. 설령 다소 혼란스러운 상황이 발생되더라도 이미 겪어온 수많은 실패와 경험들 안에서 스스로 올바른 판단을 내릴 수 있는 인사이트를 지니게 된다.

또한 브랜드라는 것은 한 번에 만들어지는 것이 아니라 매우 장기적이고 지속적인 관점을 가져야 하는 일이기 때문에 뚜렷한 자신만의 소신과 철학 가치관을 갖는 것이 매우 핵심적인 일인데 밑바닥부터 튼튼하게 성장해온 사람들은 이 부분에 있어 매우 뚜렷한 신념을 가지게 된다. 굳이 힘든 길을 가라는 것이 아니다. 이 장에서 내가 하고자 하는 얘기는 기본에 충실하고 그것을 가볍게 여기지 말라는 뜻이다.

아무리 뛰어난 사람일지라도 당장 내일 일을 예측할 수 없듯이 우리의 삶은 수많은 변수에 항상 둘러싸여 있다. 지금 아무리 잘나가는 사람이라도 생각지도 못한 일로 한 번에 무너져 내릴 수 있고, 지금 별 볼 일 없는 사람이라도 생각지도 못한 기회에 대단한 사람이 되는 것이 우리의 인생이다. 그런 면에서 다양한 요소가 고려되는 브랜드라는 것을 개인의 삶에서 구현시키고자 하는 사람이라면 모든 변수에 대처할 수 없지만, 최대한 긁어 부스럼 만드는 짓을 일부러 할 필요도 없는 것이다.

지난 역사를 보더라도 사회적으로 영향력 있는 인물이나 높은 브랜드 영향력을 갖춘 사람들이 특정한 사건에 휘말려 과거 문제에 발목 잡히거나 학력 위조, 문서 위조 등으로 한순간에 사기꾼으로 전락하는 일들이 수없이 일어났다. 제품이나 기업은 문제가 생길 경우, 다른 대체재를 통해 기존의 브랜드 영향력을 갖추는 것이 가능할 수도 있겠으나 그것이 사람이라면 얘기가 다르다. 한번 신뢰를 잃은 개인브랜드는 다시 복구하는 것이 불가능에 가깝다.

그 이유는 세상에 나라는 존재가 대체제가 없는 유일무이한 존재이기 때문이다. 현업에서 종사하며 가장 크게 와 닿았던 부분이 바로 이 점이다. 그러려면 자신 스스로가 초심으로 돌아가 밑바닥부터 빈틈은 없었는지 또는 부족한 부분은 없었는지 살펴보는 것이 높은 개인브랜드 영향력을 만들어내고 일을 이어감에 있어 매우 필수적인 요소이다.

브랜드를 만들 때는 장기적이고, 지속적인 관점을 가져야 한다.
밑바닥부터 차근차근 성장한 사람들은
자신만의 뚜렷한 신념과 소신이 있다.

강력한 자기 확신을 가져라

5

'자신감이 반'이라는 얘기가 있다. 과학적으로 데이터화시킬 수는 없겠으나, 이처럼 우리 삶에서 자신감이라는 감정이 가져다주는 효과는 실로 위대하다. 자신감의 위대함을 느끼지 못해본 사람이라면 지금 당장이라도 밖에 나가 어떤 물건을 팔아보는 것을 추천한다. 같은 물건이라도 파는 사람이 확신에 차서 파는 경우와 그렇지 않은 경우는 큰 성과의 차이를 보인다. 나는 과거에 카드, 보험, 가맹, 유통 등 일선의 영업현장을 직접 부딪치며 경험해왔다. 거기서 얻은 가장 큰 수확은 사람을 대할 때 가장 중요한 요소들이 무엇인지 깨달았다는 것이다. 단언컨대, 내가 보고 듣고 느끼며 가장 강력하게 확신했던 대인기술이 바로 자신감이다.

개인브랜드를 만들어내는 데 있어 사람이 가지고 있는 인적 자원이 매우 핵심적인 것처럼, 이들을 만나는 게 중요한 것이 아닌

'나라는 사람을 원하는 대로 어필하는 것'이 중요하다. 그러려면 누구를 만나든 강력한 자신감이 필수이다. 옛 어른들이 하는 얘기들 중, 성공하려면 배짱이 있어야 한다는 얘기가 있다. 여기서 말하는 배짱은 곧 자신감과 연결된다. 강력한 자신감을 갖추고 있는 사람은 누굴 만나도 기죽지 않으며, 그런 모습들은 상대방에게 강한 신뢰를 얻을 수 있도록 한다. 아이러니하게도 이런 것들을 악용하는 사람들도 있는데 쉽게 말해 희대의 사기꾼들 중 자신감 없이 사기를 친 사람은 존재하지 않는다.

그렇다면 강력한 자신감은 어떻게 만들어낼 수 있을까?

이 부분에 있어 특정한 답을 내놓기 어렵다. 살아온 환경이나 주변 사람들의 영향, 삶 안에서 만들어놓은 여러 가지 성공적 경험들 또는 겪었던 실패까지도 높은 자신감을 갖도록 만들어주는데 영향을 준다. 확실한 것은 자신감은 자존감과 정비례한다는 것이다. 자존감이란 자신을 존중하고 사랑하는 마음인데 이것이 강할수록 인생에 있어 자신감 또한 강해진다.

자존감을 높이는 데 있어 가장 중요한 것이 바로 자기 확신이다. 물론 어느 것이 더 먼저인지는 개인마다 차이가 있을 수 있겠으나, 확실한 것은 내 경험상 자존감은 하루아침에 만들어지기는 어려우나 자기 확신은 지속적인 트레이닝을 통해 갖추는 것이 가능하다는 것이다. 성공한 사람들의 많은 일화들 중 쉽게 접할 수 있는 일화가 거울을 보고 '나는 할 수 있다'를 반복적으로 외쳐왔다는 것이다. 이런 행위들은 반복을 통해 내적으로 강화되는데 자기 자신에 대한 확신감이 증가할수록 없던 자존감도 생겨난다. 그리고 이를 통해 자신감을 키워낼 수 있다.

강력한 자기 확신은 신념도 만들어낸다. 신념이 강화될수록 자신이 하는 어떤 행위에 대한 추진력과 믿음을 증가시킨다. 이런 부분들은 사람들을 당신이 하는 일에 높은 존중을 갖게 만들거나 동참하게 만들어주는 기폭제 역할을 한다. 역사적으로 사람들의 삶을 변화시켜온 위대한 위인들의 공통점은 누구도 해본 적 없거나 해낸 적 없는 일을 꾸준히 진행하여 결과를 만들어냈다는 것이다. 스티브 잡스Steve Jobs나 에디슨Edison도 처음 그들이 했던 일들에 대해 지지받지 못했으나 그런 것들을 이겨내고 인류의 삶을 변화시킴으로써 현재의 위인이 됐다.

우리는 대체로 성공한 이들의 성공한 모습만 조명하는 경향이 있는데 실제로 그 누구도 주변의 반대나 자기 갈등 없이 업적을 쌓은 이들은 존재하지 않는다. 역사적 위인들 또한 강력한 자기 확신이 바탕이 되었다. 남들이 모두 안 된다고 할 때 자신이 생각하는 어떤 것을 관철시키기 위해 강력한 자기 확신이 필요했고, 반복된 자기 확신을 통해 자신의 삶에 신념화되어 불가능한 일들을 가능케 만들었던 것이다.

우리 역사의 전쟁영웅 이순신 장군이 남긴 일화만 보더라도 이런 자기 확신이 얼마나 큰일들을 해낼 수 있게 만들어주는지 알 수 있는데 '신에게는 아직 12척의 배가 남아 있습니다.'라는 얘기라든지 '죽고자 하면 살 것이고 살고자 하면 죽을 것이다.'라는 얘기들은 강한 자기 확신과 이를 통해 만들어진 신념이 지닌 효과들을 엿볼 수 있게 만들어주는 대목이다.

역사적 위인까진 아닌 한창 강풍이 불고 있는 1인 방송 진행자들만 보더라도 자기 확신이 있는 진행자와 그렇지 않은 진행자의 인기는 비교할 수 없을 정도로 차이가 난다. 눈을 한번 깜빡거리더라도 자신 있게 깜빡거리고, 말을 한마디 하더라도 자기 확신에 가득 찬 목소리로 말하라. 단언컨대, 지금 가진 당신의 자기 확신은 당신의 브랜드 가치를 한 단계 더 높이는 데 강력한 효과를 부여할 것이다.

자신을 브랜드화하여 큰 영향력을 만들고자 한다면,
누가 봐도 닮고 싶고, 따라가고 싶게 만들 수 있는
뚜렷한 자기 확신을 갖춰야 한다.

끊임없는 자기 성찰을 하라

6

제3장에서 얘기하는 '브랜드 체력'이란, 수많은 사건과 사람들 사이에서 굳건하게 키워나가야 하는 '나'라는 브랜드를 조금 더 튼튼하게 만들어 나가야 한다는 의미이다. 앞에서 얘기했던 내용들이 흔들리지 않는 튼튼한 근육을 얘기하는 것이라면, 이번에 얘기할 자기 성찰이라는 주제는 딱딱하기만한 근육들을 쥐가 나지 않도록 유연성을 만들어주는 것과 같은 개념이다. 자기 성찰이란, 자신의 본 모습에 대하여 객관적이고 심층적으로 이해하는 능력을 뜻하는데, 통상적으로 자신을 돌아본다는 의미로 쓰인다.

많은 대인관계 이론 중 '누구나 겸손한 사람을 좋아한다'라는 얘기가 있는데 마찬가지로 우리말 중에 '벼는 익을수록 고개를 숙인다'라는 격언과 일맥상통한다. 사람들은 누구나 자기 관리를 중요시한다. 타인에게 과도한 영향을 받기를 원하지 않고, 필요 이상의 조언이나 지적을 당하는 등 자신의 감정을 타인에게 방해받는 것을 싫어한다. 이는 뚜렷한 자기 과실이 있음에도 사과하지 않는 등의 모습으로 나타난다. 이럴 경우, 타인들로부터 이기적인 사람이라는 비난을 받기 십상이다.

시대를 막론하고 이기적인 사람들은 대중들로부터 환영받기 어렵다. 이것은 앞서 얘기한 것처럼 누구나 자기 관리가 더 중요하기 때문인데 아이러니하게도 자신의 권리보다 남을 더 배려하고 치켜세워주는 사람이 그 또한 더 많은 존중을 받게 되어 있다. 우리는 이것을 두고 '겸손하다'라고 표현을 하는데 이런 이유로 겸손한 사람들은 어디서 누굴 만나든지 사랑받고 환영받는다.

국민 MC라 불리는 유재석이 사랑받는 진짜 이유는 그의 특출난 재능보다도 어느 자리에서건 간에 자신보다 주변 사람들을 빛나도록 만들어주기 때문이다. 만약 그가 타인에 대한 배려나 겸손 없이 자신이 가진 재능만을 펼쳐 보일 심산으로 진행자의 역할을 수행했다면, 연예인 생활을 유지해나갈 수 있을지 몰라도 현재의 국민 MC 이미지를 갖기는 어려웠을 것이다.

이런, 겸손함과 관련된 사례는 역사를 통틀어 수많은 일화를 찾아볼 수 있는데,《삼국지》에서 유비는 제갈량을 등용하기 위해 추운 날씨와 험난한 길을 헤쳐가며 무려 3번이나 직접 찾아갔다. 흔히 삼고초려三顧草廬로 잘 알려진 이 사건은 제갈량의 재능이 그만큼 대단한 것이라는 것을 증명함과 동시에 유비가 얼마나 인격적으로 겸손한 사람이었는지에 대한 증명이기도 하다.

특히, 나이 차이만 보더라도 10살 이상 나는 시골 서생에게 부하 장수가 아닌 군주 본인이 직접 찾아가 머리를 조아렸던 모습은 보통 겸손한 사람이 아니고서야 있을 수 없는 수준의 일일 것이다. 결과적으로 삼고초려를 통해 유비는 제갈량을 얻게 되었고, 후에 제갈량은 유비를 도와 촉나라를 개국하는 데 혁혁한 공을 세우게 된다.

이처럼 나를 낮추고 타인을 배려하는 겸손함은 우리 인생 전반에 걸쳐 수많은 기회를 창출해낸다. 자기 성찰은 바로 이런 겸손함을 만들어내는 데 최적화된 도구이다. 반복된 자기 성찰은 모든 일에 있어 자신을 돌아보게 만들어주며, 그 안에서 발생하는 수많은 착오와 실수들을 반복하지 않게끔 한다. 우리는 이를 통해 타인의 감정을 상하게 만드는 오만함을 한 번 더 방지할 수 있으며, 상대방의 입장에서 공감하고 이해하도록 만들어주는 인격적 성숙의 깊이를 더 할 수 있다.

또한 자기 성찰을 통해 길러진 브랜드 체력은 강력한 자기 확신과 성공에 대한 갈망으로 생겨날 수 있는 다소 딱딱한 카리스마적 브랜드 이미지에 유연성을 더해줌으로써 지속적이면서 장기적인 개인브랜드 가치를 창출해내는 데 기여한다. 어디를 가든지 환영받는 사람이 될 수 있도록 만들어줌으로써, 주변인들로부터 오는 좋은 기회들을 독식할 수 있다.

개인브랜드 가치를 높이는 데 있어

타인의 도움은 필수적으로 필요하다.

이런 점에서 겸손함을 갖추는 것은 선택이 아닌 필수이다.

수입원의 종류를 넓혀라

7

개인브랜드를 만드는 것은 매우 지속적이고, 장기적인 관점에서 이루어져야 한다. 한 번 만들어진 브랜드는 시간이 지날수록 가치가 높아지는 속성을 갖는다. 따라서 만드는 것이 중요한 것이 아니고, 유지해나가는 것이 더욱 중요한 것이다. 그러려면 시간이 지남에 따라 다가오는 수많은 삶의 변수들 안에서 적절히 대처하면서 꾸준함을 유지하는 것이 매우 중요해지는데 이 부분에 있어 '돈'은 매우 절대적인 요소로 작용한다. 그렇기 때문에 개인브랜드 활동을 보다 현실적으로 이어나가고자 한다면 안정된 수입원 확보가 관건이 된다.

오해가 있을 수 있어 미리 얘기하지만, 여기서 얘기하는 안정된 수입원이란 차고 넘칠 정도의 수익을 말하는 것이 아니다. 적어도 다양한 사람들을 만나 교류하거나 자신만의 무기 개발, 강화시키는 용도로 쓰이는 모든 기회비용 정도를 뜻한다. 특히 '벌어들이는 수익이 적다'라는 것은 그만큼 개인이 가지고 있는 시야를 좁게 만든다는 뜻이다. 배가 고프면 당장의 빵 한 조각이 중요해지듯이, 뜻과 이상을 실현시키거나 어떠한 분야에서 최고의 브랜드가 되는 것 또한 배부르진 않더라도 기본적인 허기는 달랠 수 있어야 할 수 있는 일들이다.

이처럼 무언가를 실현시켜 나가면서 그것에 준하는 수입을 올려야 한다는 사실 때문에 개인브랜드를 만들어나가는 과정이 쉽지 않게 여겨진다. 두 마리 토끼를 한 번에 잡는 것이 어렵듯, 적정한 수입을 올려가며 브랜드를 만들어간다는 것은 결코 쉬운 문제가 아니다. 특히 4차 산업, 기업규제, 낮은 경제성장 등의 급변하는 사회적 이슈들은 우리가 무언가 한 가지 활동만을 가지고 안정적으로 수입을 올리는 데 어려움을 겪게 만든다. 폐업은 둘째치고, 아예 직업이 없어져버리는 시대이다.

나는 이 부분에 대해 돈 들어오는 구멍을 늘려야 한다고 조언한다. 과거에는 한 가지만을 뚜렷하게 잘해서 흔들림 없는 고정수익을 확보해 나가는 것이 가능했을지 모르겠으나 수많은 변수에 둘러싸여 있는 현 사회에서는 통용되지 않는 얘기이다. 특히 인터넷의 발달로 인해 자신만이 알고 있는 정보나 지식이 돈이 되는 시대는 이미 지났다. 수년 전만 하더라도 법률적인 문제가 발생 됐을 때 변호사를 찾아가 법률 상담 비용을 지불하고 조언을 구해야 했지만, 현재는 궁금한 것이 있을 때 포털이나 유튜브에 접속하여 검색하는 것만으로도 충분한 답을 얻을 수 있다.

단순히 여러 기업의 채용조건만 보더라도 한 분야에서 뚜렷하게 한 가지를 잘하는 사람을 우대하기보단 여러 분야에서 다양한 재능을 가진 사람을 우대한다. 즉, 시대의 흐름에 발맞춰 멀티 능력을 키워야 살아남을 수 있는 시대이다. 예를 들어, A라는 일 한가지로 100만 원을 버는 사람이 있다면 차라리 A, B, C, D의 수익 활동을 통해 각각 25만 원씩 벌어들이는 형태의 수익구조가 훨씬 안정적이라는 얘기다. 나 같은 경우도 마찬가지이다. 개인브랜드 매니저로 활동하고 있지만, 마케팅에 필요한 카피라이팅, 콘텐츠 기획, 스피치 등 다양한 영역에서 정기적인 소득을 발생시키고 있다.

이런 것들은 마케팅 시장이 침체되어 있던 다양한 사회적 재난 상황과 좋지 않은 경기 실정에도 지금까지 버텨올 수 있도록 만들어주는 배경이 되었다. 다양한 수입원을 창출해낸다는 것은 그만큼의 시간 투자와 노력이 필요한 문제겠지만, 수많은 삶의 변수에도 흔들리지 않고, 하고자 하는 일을 꾸준하게 수행해낼 수 있도록 만들어준다. 개인브랜드 활동이 꾸준하고 장기적인 관점에서 이뤄져야 하는 것처럼 말이다. 그러려면 모든 일에 있어 안정을 도모하는 직장인 마인드보다 모험을 감수하고 이겨내려는 사업가 마인드가 스스로 자리 잡는 것이 유리하다.

이것은 직장생활과 사업 중 무엇이 더 '낫다'라는 의미가 아니라 직장생활의 특성상 특정한 일을 꾸준하게 반복하는 일이 대부분이기 때문에 다른 능력의 발전을 도모하는 것 자체가 매우 어려운 상황에 기인한다. 한 가지에 얽매이지 말고 미래를 다각도로 준비해야 한다는 의미이다. 내가 할 수 있는 일을 쭉 나열한 뒤 그중 조금이라도 잘할 수 있는 일들을 뽑아내어 혹시 모를 일이 들어왔을 경우 그 일을 문제없이 수행해낼 수 있도록 항상 준비해놓길 바란다. 컴퓨터 프로그래머라면 프로그래밍 외 홈페이지 제작에 필요한 웹디자인 기본지식을 습득해놓는다거나 글을 쓰는 작가라면 마케팅용 카피라이팅 기술을 익히는 등의 행위를 대표적인 예시로 들 수 있겠다.

이렇게 할 수 있는 일들을 준비해놓은 뒤 작은 프로젝트일지라도 각 분야에서 언제든 제시할 수 있는 포트폴리오를 구축해놓길 바란다. 만약 차후에 이들 영역에서 각각의 브랜드 가치를 만들 수 있거나 한 영역에서라도 강력한 브랜드 가치를 만들어 다양한 형태의 일을 수주받는 날이 온다면 시간이 지날수록 당신의 활동범위는 늘어나 자연스럽게 수익 또한 증대될 것이다. 또한, 시대적으로 멀티 인재를 요구하고 있기에 다양한 일을 수행해낸다는 사실만으로도 관련 업계의 많은 일들이 당신에게 쏟아지게 될 것이다.

그렇게 되면 일시적으로 소득이 줄어들 일은 생길 수 있어도 모든 것을 포기해야 하는 상황이 도래하진 않는다. 이것이 미리미리 돈 들어오는 구멍을 여기저기 넓혀야 하는 근본적인 이유이다. 또한, 이 과정에서 개인브랜드를 만드는 기술적인 부분에 대한 진지한 고민이 있어야 할 것이다. 이 책의 후반부에 관련된 얘기들을 기술해놓았으니 잘 참고해보길 바란다.

다양한 수입원을 창출해낸다는 것은 그만큼의 시간 투자와 노력이 필요한 문제겠지만, 수많은 삶의 변수에도 흔들리지 않고, 하고자 하는 일을 꾸준하게 수행해 낼수 있도록 만들어준다. 개인 브랜드 활동이 꾸준하고 장기적인 관점에서 이뤄져야 하는 것처럼 말이다.

수입원의 종류를 다양하게 넓히는 것은,
당신이 하고자 하는 일을 꾸준하게 할 수 있도록 만들어준다.
꾸준하고 장기적인 관점에서 개인브랜드 활동이
이뤄져야 하는 것처럼 말이다.

당장의 성과보다 이후를 생각하라

8

4차 산업 시대는 이전 시대인 정보화 시대보다 훨씬 더 정보의 선점이 중요한 시대가 되었다. 지금껏 한 번도 펼쳐지지 않았던 가상화폐 시장이라든지, 최근 유행하고 있는 메타버스, NFT 같은 개념들은 현 시대의 선구자라고 불리는 이들조차 완벽히 이해하지 못하는 시장이다. 국내 최대의 재능거래 사이트 '크몽kmong'에 내가 발을 디딘 계기도 비슷한 맥락이다. 긱 이코노미gig economy 현상이 국내에서 더욱 두드러지게 나타날 것이라는 예측과 함께 프리랜서 시장이 기하급수적으로 커질 것이고, 이를 통해 재능에 대한 직접 유통구조가 성장할 것이라는 예측이 있었다.

즉, 내가 크몽이라는 사이트를 시작한 것은 돈을 벌기 위한 목적보다 시류에 맞게 스텝을 맞춘 개념이었다. 그렇기 때문에 지금 당장보다도 천천히 투자를 하는 느낌으로 크몽 활동을 시작했는데 지금은 이로 인해 국내 1호 개인브랜드 매니저라는 정체성을 만들게 된 계기가 되었다. 이 얘기를 하는 이유는 정보를 선점하고 이와 관련된 일을 실천하며 지금 당장 결과를 만들어내야 하는 조급함보다, 업계에서 선점을 하겠다는 마음으로 시간을 투자하라는 것이다.

만약 당신이 시류에 맞게 어떤 행위를 시작했는데 그것의 목적이 지금 당장의 성과에 맞춰져 있다면 조급함에 그 기회를 통째로 잃어버리는 실수를 저지르게 될 것이다. 나 또한 시작점이 투자에 가까웠기 때문에 크몽 활동에서 당장의 큰 수익 활동 자체를 바라지 않았다. 고백하자면 내가 처음 크몽에 입성했을 때 컨설팅 가격은 고작 5천 원이었다. 어떻게 컨설팅을 진행해야 할지 몰랐기 때문에 최대한 내 시간이 들어가지 않는 선에서 확실하지 않은 비용을 생각해가며 최소한으로 시작한 것이다.

여기서 말하는 확실하지 않은 비용이란 상대방의 기대치를 얘기한다. 퍼스널 브랜드를 얘기하지만 내 퍼스널 브랜드도 명확하지 않은 시기였기에 상대방이 돈을 지불했을 때 그 이상의 결과물들을 만들어낼 수 있다는 확신이 들지 않았다. 그 결과 5천 원 정도의 금액이라면 못해도 본전이고, 잘하면 이용하는 사람들에 의해 좋은 후기를 얻을 수 있을 것이라는 확신이 들었다. 또한 내가 활동을 시작했던 2014년에는 퍼스널 브랜드라는 영역 자체가 대중들에게 인식조차 희미했던 시기였다.

이를 위해 나는 퍼스널 브랜드라는 재능을 가지고 판매한 것이 아니고, 그것을 쪼개어 사람들이 알 수 있는 단어로 바꾸어 활동을 시작했다. 실제로 내 크몽 첫 활동 제목은 '퍼스널 브랜드를 컨설팅 해드립니다'가 아닌 '현직 PD가 방송 출연에 관심 있는 분들께 방송가 정보를 드립니다'였다. 방송 출연에 관심이 있다는 얘기는 자신을 알려야 하는 니즈가 있는 사람들이라는 생각이 들었고, 크몽에서 이끌어내는 매출뿐이 아니라 첫 접점에서 믿음직한 인상을 줄 수 있다면 이후 내가 생각하는 퍼스널 브랜드 컨설팅과도 연계가 될 것이라는 생각이었다.

이것을 전문용어로 '후킹전략'이라고 하는데 이런 타이틀들을 설정하는 작업은 현재의 유튜브 시장에서의 미디어 전략과도 상당히 유사한 부분을 보인다.

자, 그럼 요약해보겠다. 내가 생각하는 업계의 그림을 그리고 시류를 파악한 뒤 정보를 선점하라. 그리고 그것을 빨리 행한 뒤 당장의 성과보다 이후를 생각하는 투자 마인드로의 마인드셋을 시도하라. 비용은 현재의 내 위치를 판단해 최대치로 낮추고, 최선을 다하여 처음 진입한 이들의 마음을 사로잡아 좋은 후기가 달릴 수 있도록 최선을 다해야 한다.

또한, DB 관리를 통해 이후 내가 기획한 서비스가 완성될 경우, 별도 컨택을 통해 2차 비즈니스를 도모해야 한다. 그리고 이를 통해 꾸준히 포트폴리오를 확보한 뒤 비용을 서서히 올리는 것이다. 그리고 비용이 만들어짐과 동시에 해당 비용을 자신이 제공하는 서비스의 질을 높이는 형태로 꾸준히 투자해야 한다. 업계에 대한 공부와 자신만의 방식을 만들기 위한 프로세스 구축, 그리고 이를 위해 만들어야 하는 인적 네트워크 구성 등 업계에서 따라올 수 없는 자신만의 영역을 구축해야 한다.

지금 당장 결과를 만들어내야 하는 조급함보다

'업계에서 선점을 하겠다'라는 마음으로 시간을 투자해야 한다.

사기꾼이 되지 않고 '진짜' 브랜딩을 하는 방법은? 9

간단하다. 실력이 갖춰지면 된다. 자신의 서비스를 이용하는 사람들에게 과한 금액을 청구하지 말고 받은 것의 120% 이상의 성과를 내도록 만들면 된다. 아주 기본적인 얘기일 수 있으나 이것만큼 확실한 방법이 없다. 현대 사람들은 과거에 비해 비교할 수 없을 정도로 똑똑해졌다. 물론 군중심리에 있어서는 얘기가 좀 다를 수 있지만, 정보의 홍수 속에 마음만 먹으면 누구든 타 업계의 정보나 지식을 어느 정도 얻는 것이 가능해졌다.

그런데도 이런 사람들을 상대로 '눈 가리고 아웅' 하는 방식처럼 말로만 현혹하거나 그럴싸해 보이는 술수를 쓰려 한다면, 아주 일부의 불만족으로 인해 당신의 브랜드는 다양한 방식으로 리스크를 입게 될 것이다. 하다못해 긍정적인 후기 100개와 부정적인 후기 1개가 부딪혔을 경우, 사람들은 부정적인 후기 1개에 훨씬 더 민감하게 반응한다는 것을 기억해야 한다.

그리고 무엇이든 확실한 것을 제공하라. 확실하지 않으면 입 밖에도 꺼내지 말아야 한다. 예컨대 "제가 무엇 무엇을 준비하고 있어서 어떤 도움을 드릴 수 있을 것 같습니다"라는 방식의 대동강 물 팔기 수준의 방식으로 비즈니스를 하고 있다면, 이것만큼 최악인 경우가 없다고 보면 된다. 요즘에는 유튜브를 통해 자신을 과장되게 어필하고, 오로지 현란한 말 기술로 '일단 벌고 보자'식의 비즈니스를 하는 사람들이 눈에 띄게 많아졌다. 그들 중 현재 상황에 도취해 진짜 실력을 갖추는 데 있어 게을리하는 사람들이 있다면 분명 어떤 형식으로든 큰 화를 당하게 될 것이다.

방법을 잘 모르고, 일단 돈이 궁해서 '묻지마'식으로 커리어를 양산해내거나 1인 미디어 등을 통해 자신의 실력을 과장하고 이를 통해 선량한 사람들의 주머니를 터는 데만 관심이 있는 사람이라면, 당신은 단기적인 퍼스널 브랜드를 만들어낼 수 있다. 그러나 일대기적 관점에서 한 방에 무너지는 순간이 반드시 찾아오게 될 것이다. 무언가를 조언할 때, 비용을 받을 때, 또 그런 일들이 상대의 인생에 어느 정도의 영향을 주게 되는지에 대한 책임의식을 가져야 한다. 브랜드 신뢰라는 것은 만들어내는 것이 아니라 만들어지는 것이다.

퍼스널 브랜드는 만드는 것이 중요한 것이 아니다.

성공한 퍼스널 브랜드가 되는 것이 중요하다.

Part 4

개인브랜드 실무전략

First Branding

브랜드 아이덴티티 1

— 가치를 알리고 공감하는 팬층을 확보하라

브랜드 아이덴티티brand identity의 사전적 정의는 '브랜드의 이념·목적·활동·표현 등을 의식적으로 통일하여 브랜드의 개성을 만들어내고 신뢰성을 주는 것'으로 나와 있다. 보다 정확하게 설명하자면, 해당 브랜드가 추구하고자 하는 본질이 무엇인가로 압축할 수 있다. 대부분의 사람은 자신이 '왜' 사는지에 대해 잘 알지 못한다. '왜' 태어났는지를 모르니 어쩌면 당연한 얘기다. 하지만 퍼스널 브랜딩에 있어 자신이 '왜' 살고 있는지에 대한 질문은 꽤 중요한 의미를 가져다준다. 그것이 당신의 브랜드 아이덴티티가 되어줄 것이기 때문이다.

이해를 돕기 위해 개인브랜드 아이덴티티가 잘 녹아들었을 때 나타날 수 있는 좋은 사례가 하나 있어 소개하겠다. 바로 글로벌 기업 애플의 창업주 스티브 잡스Steve Jobs의 얘기이다. 잘 알려진 애플사의 기업 이미지는 회사 로고의 이미지와도 연관되어 있다. 1976년 애플사의 처음 로고는, 영국의 물리학자 뉴턴이 사과나무 아래에 앉아 책을 읽는 모습을 그린 것이었다. 만유인력의 법칙을 발견한 뉴턴과 사과와의 인연 내용을 기리기 위해, 애플사는 "뉴턴, 낯선 상념의 바다를 영원히 홀로 항해하는 정신"이라는 문구를 새겨 넣었다(《조선일보》, 2015.5.30). 잡스는 나중에 자신이 사과를 좋아해 그런 로고를 만들었노라고 고백한 바 있다.

하지만 1년 뒤, 애플사의 로고는 단순한 사과 모양으로 바뀐다. '한 입 베어 문 사과 모양'의 애플 로고는 처음에는 무지개 색이었다. 그런데 무지개 색은 동성애자들의 무지개 깃발을 연상시켰는데, '컴퓨터과학의 아버지' 영국의 앨런 튜링Alan Turing이, 독이 든 사과를 먹고 죽었기 때문에 애플 로고 속에 있는 무지개 사과도 튜링과 연관 있는 것으로 오인됐다. 왜냐하면 앨런 튜링은 동성애자였기 때문이다. 이런 오인 때문에 애플사는 1998년 지금의 빨간 사과 모양의 로고를 만들었다.

이 빨간 사과 모양의 로고는 단순하면서도 강렬한 이미지를 뿜어낸다. 이 로고의 이미지가 결국 애플 회사의 이미지와 동일 선상에 있다. 애플 제품의 이미지는 단순하면서도 강렬하고, 화려하면서도 혁신적이다. 이런 이미지는 애플 회사 자체가 갖고 있는 이미지와도 동급이다. 기업과 제품 그리고 CEO의 3개 차원이 동일한 이미지를 갖는 기업은 아마도 지구상에서 애플 회사밖에 없을 것이다.

애플 + 스티브 잡스 = 혁신의 이미지

(성공적인 글로벌 기업 이미지 마케팅, 2015. 11. 1., 커뮤니케이션북스)

것처럼 애플의 로고는 한 입 베어 먹은 사과이다. 왼쪽 페이지의 자료는 스티브 잡스가 가진 브랜드 아이덴티티가 애플의 브랜드에 어떤 식으로 녹아들었는지 잘 담아내고 있다.

이처럼, 애플이 지닌 브랜드 가치는 바로 '혁신'이다. 애플의 브랜드 사례를 통해 우린 두 가지 사실을 확인할 수 있다. 첫째는 스토리텔링의 힘, 그리고 두 번째가 기업의 가치는 곧 기업가의 가치로부터 나온다. 라는 사실이다. 애플의 창업주인 스티브 잡스는 '이미지'의 달인이다. 그가 처음부터 계속 주구장창 외쳐온 기업 가치가 '혁신'이었고, 이 혁신이라는 키워드를 통해 애플의 TV 광고부터 지하철역의 판넬 광고까지 이러한 가치를 담아낼 수 있는 광고물이 꾸준하게 게재되었다.

즉 오너의 핵심 가치를 찾아내어 이루어진 통일된 마케팅 전략은 그들이 주장하는 '혁신'이라는 키워드를 '애플'이라는 브랜드에 응집시키는 효과를 가져왔고, '애플 = 혁신'이라는 이미지를 형성하는 데 성공했다. 더 나아가서 '스티브 잡스의 물건을 구입하는 소비자들은 혁신적인 소비자'라는 가치를 형성하기에 이른다. 이를 대변하듯 실제로 아이폰의 TV 광고 기획을 보면 애플이 얼마나 이런 '혁신'이란 이미지를 소비자들에게 투영시키기 위해 노력하는지 알 수 있다.

국내의 스마트폰 광고들은 기능적인 장점들을 광고문구로 사용하는 반면에 애플의 마케팅 전략은 뚜렷하다. 2014년에 출시한 아이폰6의 경우, 이미 이전부터 '이런 아이폰을 쓴다는 것' 등의 카피를 통해 소비자들에게 '아이폰은 다르다'라는 혁신적인 이미지를 심어주는 데 성공을 거두었다. 애플은 자신들의 로고나 깔끔한 화면에 자신들이 주장하고자 하는 바를 명료하게 담아냄으로써 광고 기획부터 차별화 전략을 사용한다.

기능적인 측면을 강조하는 타사의 광고에 비해 화면을 구성하고 있는 이미지부터가 타사와는 다른 '혁신'을 나타내고 있다. 실제로 이런 마케팅 전략은 고객들을 마니아화시켰으며, 이는 결과적으로 소비자들 사이에서 자발적인 제품 홍보를 불러일으키며 광범위한 영역의 바이럴 마케팅이 이루어지게끔 했다.

실제로 스티브 잡스는 혁신이라는 이미지를 기업과 자신에게 투영시키기 위해 평생에 걸쳐 부단히 노력했다. 대중들에게 낯선 기기인 컴퓨터를 PCpersonal computer화시킨 애플 컴퓨터부터 3D 애니메이션, 아이팟과 아이패드 등의 아이템들은 그런 그의 혁신 이미지를 뒷받침해주는 좋은 근거가 된다. 즉, 스티브 잡스는 자신이 추구하고자 하는 가치가 '혁신'임을 명확히 알고 있었고, 이와 관련된 활동들을 실제로 행함으로써 대중들에게 자신의 아이덴티티를 자사의 브랜드에 녹여내는 데 성공을 거둔 것이다.

잡스가 지니고 주장했던 혁신이란 아이덴티티는 '애플'이란 브랜드에 투영되었고, 그것에 공감하는 많은 마니아층을 만들어냈다. 그 결과 충성도 높은 아이폰 고객들이 생겨나면서 매우 안정적으로 시장에 안착하게 되었다.

이 책을 보고 계신 여러분께 질문한다.

당신이 추구하고자 하는 삶의 방향은 무엇인가?

당신은 무엇을 할 때 큰 행복감을 느끼는가?

당신이 가장 중요하게 생각하는 인생의 가치는 무엇인가?

이 세 가지 질문을 스스로에게 물어보라. 그리고 현실로 돌아와 현재 상황을 짚어보자. 무언가 내 생각과 삶의 모습이 다르다고 느껴진다면, 그것부터 똑바로 잡아라. 그것이 바로 잡혀 당신의 인생에서 다양한 요소들이 한목소리를 내기 시작할 때 당신의 아이덴티티가 만들어진다. 브랜드를 만드는 것은 그 이후에나 가능하다.

잊지 말자! 당신의 브랜드 아이덴티티는

'나는 왜 살고 있는가?'라는 스스로의 질문으로부터 시작한다.

2

어떻게 알 것인가? 지칠 때까지 질문하라

— 내 진심을 스스로 수긍하게 될 때까지

자기 자신에 대해 정확히 알려면 어떻게 해야 할까? 방법은 간단하다. 나 자신에 대해 질문하고, 끊임없는 답변을 요구하는 것이다. 내가 가지고 있는 퍼스널 브랜드 가치는 '사람'이다. 이유는 이러하다. 나는 '어떠한 경우에도 사람이 먼저가 되지 않으면 되는 일이 없다'라고 생각한다. 그래서 내가 하는 비즈니스 스타일, 상담 방법, 하는 일 등 모든 일은 '사람'에 초점이 맞춰져 있다.

필자가 운영하고 있는 회사의 슬로건은 '사람이 먼저다'이다. '청년문화포럼'이라는 청년 단체를 설립하게 된 배경도 행복한 '사람' 사는 사회를 꿈꾸었기 때문에 가능한 일이었다. '사람' 중에서도 가장 나의 도움이 필요한 '사람'이 누구일까라는 질문에 '청년'이라는 답을 내놓았다. 나는 실제로 내가 가진 작은 재능을 이용하여 남들을 돕는 일을 즐거워하는 편이다. 나에게 있어 큰일 아닌 도움도 남에겐 큰 도움이 될 수 있다는 사실을 알게 된 후부터는 적극적으로 '사람'을 돕는 일에 집중하고 있다.

내가 꿈꾸는 사회는 '사람'이 '사람'답게 살 수 있는 행복한 사회이다. 그리고 이것이 바로 나의 정체성이다.

나는 이런 내용들을 명함, 회사 홈페이지, 단체의 슬로건 등을 통해 열심히 알리고 있다. 퍼스널 브랜딩을 위한 마케팅 툴이라고 생각할 수 있겠지만 위에 언급한 것처럼 모든 일에 '진심'이 기반이 되지 않으면 브랜드의 핵심 요소인 일관성을 유지하기 어렵다. 게으른 천재는 노력하는 둔재를 이길 수 없다는 말이 있듯이 내가 생각하는 가치를 끄집어내고 정체성을 확립시켜, 그 일을 꾸준하게 행할 때 퍼스널 브랜드는 자연스럽게 생겨난다.

'끼리끼리 논다'라는 옛 어른들의 말처럼 내가 추구하는 가치를 명확히 전달할 때 나와 비슷한 생각을 가진 사람들이 모여들고 그런 사람들과 가치를 공유하며 더불어 살아갈 때 형식적인 인맥이 아닌 진짜 나를 위한 사람들이 모여든다.

비교대상은 아닐지라도 나는 스티브 잡스처럼 내가 지니고 있는 가치를 입증할 수 있는 여러 활동을 해왔다. 언급했던 청년 활동 이외에도 '전화위복'이라는 사람에게 희망을 줄 수 있는 앨범을 발표하였고, 네이버 TV캐스트 방송을 통해 우리 사회에 좋은 일이나 도전정신을 일깨워 줄 수 있는 '사람'을 찾아 대중들에게 이들을 소개시켜주고 있다. 물론 이런 활동들을 이어나감에 있어서 많은 비용이 필요하지만, 따지고 보면 이런 비용들 또한 나에게 투자하는 마케팅 비용이 된다.

살아가는 환경, 주어진 인프라. 누구나 다른 삶을 살고 있지만 죽을 땐 누구나 똑같이 죽는다. 굳이 퍼스널 브랜드나 마케팅적인 부분이 아니더라도 내가 죽을 때까지 살아가야 할 '한 번 사는 인생'의 최대 가치를 찾아내는 것은 인생을 더욱 풍요롭게 만들어주는 튼튼한 토양이 되어줄 것이다. 여러분 자신에게 질문을 던져보길 바란다. 내 인생에서 가장 중요한 가치가 무엇인가? 돈? 가족? 명예? 정해진 정답은 없다. 당신이 정하는 것이기 때문이다.

당신이 찾아내는 그 단어가 향후 추구해야 할 퍼스널 브랜드의 중심 가치가 될 것이다. 그냥 일단 내가 제일 중요하게 생각하는 인생의 가치를 생각해보자. 철학도 좋고, 슬로건도 좋다. 타인의 삶을 모티브로 한 것도 괜찮다. 어차피 한 번에는 찾아지지 않는다. 찾아낸다 하더라도 변화할 수 있다. 그렇다 하더라도 유연성 있게 대처하면 된다. 다만, 찾아내게 되는 어떠한 당신 인생의 가치에 본심이 담겨 있는지는 검토해야 한다. 이유야 어떻든 중심이 되는 브랜드 아이덴티티가 방향성 자체가 흔들려서는 안 된다.

당신이 가장 중요하게 여기는 인생의 가치는 무엇인가?

그것이 퍼스널 브랜드의 중심 가치이다.

단어를 나열하여 키워드를 뽑아내라 3

— 가능하면 가장 넓은 패러다임을 뽑아내라

사실 퍼스널 브랜드 컨설팅을 할 때 가장 어려운 부분이 추구하는 가치를 찾아내고, 정체성을 확립하는 것이다. 자기 자신에 대해 모르는 사람들이 대부분이기 때문에 타인의 입장에서 그런 것들을 찾아주는 게 쉽지 않다. 이럴 때 가장 쉽게 찾을 수 있게 해주는 방법이 바로 단어 나열하기이다. 이는 카피라이터들이 헤드라인을 짜거나 바디카피를 제작할 때 가장 기초적으로 쓰이는 방식이다.

인생의 마지막 순간을 상상해보겠다. 어떤 죽음을 맞이하고 싶은가? 필자 또한 처음엔 너무나 많은 생각이 들었다. 부모님과 가족들 생각이 가장 먼저 났고, 친구들과 죽기 직전 꼭 인사를 나누고 싶다고 생각했다. 이를 단어로 만들어내는 것은 쉽지 않았다. 이럴 땐 내가 바라는 모든 상황에서 공통된 내 감정이 무엇인지에 대해 집중해보면 좋다. 나는 아이러니하게도 죽기 직전 느끼는 '행복감'을 중요시 여긴다는 생각을 하게 되었다. 그리고 이어서 드는 질문이, 죽기 직전에 행복하려면 어떻게 해야 할까? 였다.

그러면 '행복'에 대해 생각하게 된다. 무엇이 '행복'일까? 사실 세상에 수학이나 과학 같은 실제 학문을 제외하고는 정답이 그리 많지 않다. 내가 생각하고 내가 느끼는 그것이 정답일 때가 많다는 것은 역사상 위인들의 여러 격언을 통해서도 많이 알려져 있다. 즉, 이런 판단을 할 때 내가 가지고 있는 개인적 소신이 가장 크게 작용한다는 것이다. 행복의 사전적 정의를 떠나 나는 나의 '행복'이란 감정에 주안점을 두고 해석했다. 나에게 행복이란 본질은 '즐거움'이다. 많은 돈을 벌 때, 누군가에게 칭찬을 들을 때, 어떠한 일에 성취감이 들 때 우리는 흔히 '행복'하다고 얘기하다.

즉, 이런 단어의 연결고리를 생각할 때 **[내 인생 최대의 가치 추구 → 죽기 전 행복감 → 즐거움 → ?]**의 연결고리가 생겨난다. 그럼 즐겁기 위해선 어떻게 해야 할까? 이 부분이 가장 어려웠다. 세상에 즐거운 일이 너무나 많기에, 그것을 어떠한 단어 하나에 응축시키는 것은 매우 힘든 일이었다. 나는 '가장 즐거운 것이 무엇인가'라는 생각을 통해 이를 해결했다. 사람은 살면서 무수한 즐거운 상황을 겪는다. 뜻하지 않은 돈을 줍기도 하고, 새로운 마음 맞는 사람을 만나 즐거워하기도 한다. 하지만 우리가 생각해야 하는 것은, 보다 넓은 의미의 즐거움이어야 할 것이다.

만약에 **[내 인생 최대의 가치 추구 → 죽기 전 행복감 → 즐거움 →**

길에서 돈 줍기]라고 결론 낸다면, 나는 아마 평생 돈을 주우러 다녀야 행복하게 죽을 수 있는 사람이 될 것이다. 이때 우리는 생각의 스펙트럼을 최대한 넓혀야 한다. '여러 즐거움 가운데서도 내가 행했을 때 가장 스케일(생각의 범위) 크게 즐거울 수 있는 것은 무엇인가?' 질문해야 한다. 나는 여러 즐거움 중에 타인을 돕는 것에서 느끼는 즐거움이 인생을 걸고 느낄 수 있을 정도의 지속적이고 큰 즐거움이라고 생각했다.

결국 나는 **[내 인생 최대의 가치 추구 → 죽기 전 행복감 → 즐거움 → 타인 돕기]**라는 나름의 라이프플랜을 완성했고, 가장 먼저 실천해야 하는 '남 돕기' 순서에서 다시 단어를 나열했다. '헬프', '사회적', '남', '봉사', '타인' 등 그냥 생각나는 대로 쭈욱 나열한 뒤 그 안에서 마찬가지로 가장 넓은 패러다임을 가진 단어를 찾았다.

그렇게 뽑아낸 키워드가 바로 위에서 언급한 '사람'이었다. 이 과정은 사실 단기간에 되는 과정이 아니다. 특히 스스로 주관이 뚜렷하지 않은 사람들은 몇 년이 걸릴지도 모르는 고난의 시간들이 될 수도 있다. 하지만 그래도 찾아내야 한다. 이런 과정 없이 일시적으로 형성된 여러분의 브랜드는 그야말로 '가짜'다. 즐길 수 없기에 꾸준하고 일관되게 행동하기 어렵기 때문이다.

개인적으로 욕을 먹는 정치인들을 보면 '안타깝다'는 생각이 많이 든다. 나는 정치 전문가는 아니기 때문에 속단해서는 안 될 얘기겠지만, 말과 행동이 다르면서 정치를 하겠다는 것 자체가 과연 저 사람이 추구하는 퍼스널 브랜드 가치가 무엇인지 아리송하게 만든다. 말과 행동이 다른 이유는 아주 명확히 정해져 있다. 애초에 그럴 생각이 없었거나 철저하게 자신을 숨기고 있었기 때문이다. 현대인들은 바보가 아니다.

대부분의 사람들이 본인이 필요한 정보를 그때그때 손쉽게 찾아서 습득한다. 진심이 담겨 있지 않은 가치 추구는 무조건 들통나게 되어 있다. 그렇기에 자기 자신에게 솔직해지는 연습부터 해야 한다. 내 안의 핵심가치 찾기가 퍼스널 브랜드의 시작인 이유는 바로 여기에 있다. 적어도 내가 생각하는 목표를 달성하기까지는 말과 행동, 활동 등을 모두 일관되게 가져야 한다. 퍼스널 브랜드는 만드는 것보다 유지하는 게 중요하다. 인간의 수명을 80세로 볼 때 79세까지 정의롭게 살다가 80살 때 부정한 행위를 해서 적발이 되면 79년 인생 또한 같이 부정되는 법이다.

시간이 지나 변절자가 될 법한 사람들은 애초에 애매모호한 퍼스널 브랜드를 추구하는 것이 더 나을 수도 있다. 단, 명확하지 않은 브랜드는 그만큼의 가치도 지니지 못할 것이다. 다들 아는 것처럼 세상은 생각보다 공평하다. 얻는 게 있으면 잃는 게 있고, 잃는 게 있으면 얻는 게 있다. 이 책을 보고 계신 독자도 금전이라는 손해를 입지만, 책 안에 담긴 경험과 노하우를 대가로 얻을 것이다. 남들과 달리 돈을 만들어내는 브랜드를 구축하려면 그에 상응하는 대가를 치러야 하는 것은 기본이다.

그 대가가 바로 '꾸준함'에 대한 노력과 시간 투자다. 내가 내 브랜드 핵심가치를 정하고, 여러 가지 방법을 통해 세상에 나를 알리는 도중에 나를 바꾼다는 생각은 안 하는 게 좋다. 일은 바뀔 수 있지만, 한번 새겨진 그 사람만의 색깔은 쉽사리 벗겨지지 않는 법이다. 진실되게 생각하고, 고민하고, 이를 명료화시켜 관련된 활동을 실제로 꾸준하게 행하라. 남들과는 차별화된 여러분만의 색깔이 생길 것이다. 이는 곧 세상 사람 누구나 꿈꾸는 불로소득을 만들어냄과 동시에 인생을 풍요롭게 만들어주는 훌륭한 기틀이 되어줄 것이다.

퍼스널 브랜드를 만드는 것은 자신이지만,

이를 인정하고 고착화 시키는 것은 타인(소비자)이다.

키워드를 통해 '나만의 타이틀' 설정하기

4

내가 가지고 있는 핵심가치에 대한 키워드 분석이 끝난 사람들은 이제 대외적으로 활동할 나의 타이틀에 대해 설정해야 한다. 여기서 말하는 타이틀이란 대표이사, 가수, 작가 등 사회적으로 흔하게 불리는 직함을 두고 얘기하는 것이 아니다. 다만, 내가 앞으로 하고자 하는 일이나 하고 있는 일과 연계 짓는 것은 필요하다. 타이틀 작업을 하기 전에 가장 중요하게 여겨야 하는 부분은 바로 '세분화'이다.

'마케터'란 직업을 예로 들겠다. 국내에서 활동하는 많은 마케팅 회사 종사자들은 AE라는 직함을 많이 사용한다. 일반 대중들은 광고와 마케터에 대한 개념이 불분명하기 때문에, 광고기획자의 이미지를 많이들 떠올리는데. 사전 그대로의 정의를 떠올려보자면 제품을 소비자들에게 판매하기 위해 수반되는 모든 경영 기획 활동을 하는 것이 바로 '마케터'이다.

실제로 내가 만나본 많은 마케터들 중엔 브랜드를 전문적으로 컨설팅해주는 브랜드 마케터, 상품화 계획 또는 상품을 발굴, 기획하는 MD, 매체 광고의 효율성을 극대화시켜주는 미디어 플래너 등 세분화되고 전문화된 직업을 가진 사람들이 많았다. 안타깝게도 명함을 보면 대부분 AE라는 직함(또는 직급)을 사용하고 있었다. 정확하게 알 수는 없지만, 국내에서 활동하고 있는 AE 사람들이 어림잡아 수백에서 많게는 수천 명이 될 수 있다는 점을 감안한다면 생각의 틀을 바꿀 필요가 있다.

실제 광고나 마케팅 관련 종사자들은 영업과 기획을 동시에 진행한다. 예를 들어, C라는 광고주가 바이럴 영상 제작과 관련하여 A라는 회사와 B라는 광고대행사를 미팅했을 경우를 가정해보겠다. 심리학에는 초두효과라는 것이 있다. 처음 입력된 정보가 나중에 습득하는 정보보다 더 강한 영향력을 발휘하는 것을 말한다. 이런 심리학적 현상에 있어 첫인상만큼이나 중요한 것이 바로 명함이다.

물론 명함 한 장으로 계약이 어긋나거나 하는 일은 거의 없겠지만, 명함은 만나는 사람들에게 자신을 가장 빠르고 정확하게 어필할 수 있는 가장 좋은 방법 중 하나다. 초두효과이론에 따르면 명함을 만나는 사람들에게 건네는 순간부터 명함에 적힌 대로 일을 하는 사람이라고 생각할 가능성이 높다는 것이다. 즉, A와 B가 광고대행사에서 나온 기획자라는 것을 알고 있는 C가 두 명의 담당자를 놓고 누구와 계약을 할지 고려할 때, C의 가장 큰 니즈가 '바이럴 영상 제작에 있다'라는 것을 가정한다면 A와 B중 영상제작과 관련된 직함을 쓰는 사람에게 더욱 믿음이 가는 것은 당연하다는 얘기이다.

광고대행사의 직원 입장에서 언제 누구를 만날지 모르기 때문에 포괄적인 직함을 쓰는 것은 당연할 수 있다. 다만 명함 제작에 사용되는 비용이 막대하지는 않다는 것 또한 고려한다면 명함에 박혀 있는 직함을 다양화 또는 세분화해 상대에 맞게 활용하는 방법은 비즈니스(세일즈)를 하는 데 큰 도움을 줄 수 있다. 나 또한 PD, 대표이사, 기획자, 기자 등의 각기 다른 직함이 적혀 있는 명함을 항상 들고 다닌다.

퍼스널 브랜드를 강화시키는 명함 만들기와 관련된 내용은 꽤 중요한 내용이므로 뒤에 다시 다루도록 하겠다. 내가 하는 일에 대한 직업을 세분화시켰다면, 전문적인 퍼스널 브랜드 영역은 그때부터가 시작이다. 이때 필요한 것이 바로 나를 표현할 수 있는 나만의 '타이틀' 사용하기이다. 사용하는 직함을 세분화시켰다면, 해당 직함에 나의 핵심가치 '키워드'를 녹여내어 변형시켜주어야 한다. 남들이 많이 사용하지 않는 단어로 말이다.

'기쁘다'와 '엄청 기쁘다'. 수식어의 차이로 느낌이 다르듯이 '브랜드마케터'와 '프로 브랜드마케터'는 고작 두 글자 차이로 상당한 느낌의 갭을 가진다. 하지만 너무 과한 수식어는 상대방으로 하여금 반발심 또는 의구심을 갖게 만들 수 있다. 이렇게 수식어를 만들어내는 데 있어 너무 과하지 않으면서 상대방에게 호기심을 불러일으킬 수 있도록 만들어주는 것이 위에서 미리 알아본 나만의 핵심가치 '키워드'이다.

브랜드를 형성하는 데 있어 가장 핵심이 되는 요소는 바로 일관성이다. 내가 뽑아낸 나만의 핵심가치 '키워드'는 이런 일관성 있는 브랜드를 형성하는 데 있어 꾸준함의 원동력이 되어줄 것이다. 위에서 예를 들어드린 '마케터'라는 직업 중 브랜드 마케터라는 직함을 사용하는 A라는 사람이 있다고 가정하겠다. '브랜드 마케터'라는 직함은 고객에게 이 사람이 브랜드와 관련된 업종에 종사하는 사람이라는 사실을 쉽게 알 수 있게 해준다.

다만, 고객에게 있어 브랜드 마케터가 세상에서 그 사람 한 사람이지는 않을 것이다. 그때 큰 효과를 얻을 수 있는 것이 바로 내가 사용하는 나만의 '타이틀'이다. 자, 그럼 실제로 나만의 타이틀을 설정하는 과정에 대해 자세히 설명하겠다.

퍼스널 브랜드란, 자신을 상품화시켜 가질 수 있는 '경쟁력'이다. 남과 다른 경쟁력이 한 가지 더 있어야 한다.

나만의 타이틀 만드는 법은 무엇인가?

5

나만의 타이틀을 만드는 가장 좋은 방법은 자신이 영위하고자 하는 직업(또는 영위하고 있는), 그리고 해당 일을 수행함에 있어 가장 중요하게 생각하는 자신만의 노하우를 적절하게 믹스한 뒤 내가 지닌 인생 핵심가치에 걸맞는지 향후 방향성에 대해 고민해 보는 것이다. 타이틀 제작은 카피라이팅의 영역이기 때문에 수학 공식처럼 딱딱 들어맞기는 어렵지만, 대체로 내가 알려준 형태 안에서 찾아내면 혹시라도 나중에 가서 자신의 브랜드를 바꿔야 하는 불상사를 막을 수 있는 장점이 있다.

그럼 본론으로 돌아오겠다. 위에서 언급한 A라는 사람의 현재 직업은 브랜드 마케터이고, 일에 있어 가장 중요하게 생각하는 노하우가 '브랜드는 아기처럼 다뤄야 한다'이다. A가 가진 인생 핵심가치는 '사랑'이고 타인에게 보여지고 싶은 이미지는 '브랜드 전문가'이다. 카피라이팅의 핵심은 '함축'에 있다. 너무 길게 얘기하지 않고도 단어 몇 개로 내가 가진 의도를 상대방에게 전달할 수 있어야 한다. 그런 시각으로 볼 때 브랜드 마케터라는 단어 자체가 6글자나 된다.

이런 경우 브랜드 마케터라는 단어를 변형시키는 것 또한 생각해볼 문제이다. 사실 위의 사례는 내가 최근에 상담을 도왔던 실제 사례이다. 대화를 나눠본 결과 예상대로 섬세하고 정이 많은 성향의 사람이었다. 해당 클라이언트의 따뜻한 색깔을 잘 이끌어낼 수 있고, 브랜드 마케터라는 직업과 미래 핵심가치인 '사랑'에도 어울리는 공통적인 키워드로, 나는 '아기'라는 단어를 끄집어내어 카피라이팅을 제작하였고, 착안해낸 타이틀이 바로 '브랜딩 인큐베이터'이다.

사실 타이틀 만드는 작업은 방향성의 제시로 해석하면 될 것 같다. 엄밀히 말하면 다른 브랜드 마케터들과 하는 일이 크게 다르지 않겠지만 퍼스널 브랜드가 자신의 상품화와 경쟁력 창출에 있다는 점에 목적성을 두고 있는 것을 감안한다면, 자신만의 타이틀 몇 글자로 타인에 비해 상당한 비교우위에 서는 것이 가능하다. 또한, 상대방에게 자신을 매우 함축적이고 능숙하게 알릴 수 있다는 장점이 있다. 처음에는 분명 타이틀을 사용하는 데에 대한 불편함을 느끼는 사람들도 있을 것이다. 하지만 퍼스널 브랜드에서 가장 중요한 것은 '나'에 대한 경쟁력에 있다는 것을 명심한다면 시간이 지남에 따라 이런 불편함도 자연스럽게 해소되는 것을 느낄 수 있을 것이다.

처음에 맞지 않았던 청바지가 자주 입을수록 내 몸의 사이즈와 비슷해지는 것과 비슷한 논리이다. 작은 사건들이 모여 하나의 역사적인 사건을 만들어내듯, 퍼스널 브랜드 또한 이런 작은 요소요소들이 모여 '나'라는 사람에 대한 강력한 브랜드와 나만의 아이덴티티를 만들어낸다. 하지만 무엇보다도 내가 독창적인 '타이틀'의 필요성을 강조하는 이유는 따로 있다. 바로 정보화 시대의 전유물 '인터넷' 때문이다.

보이고 싶은 이미지 + 직업 + 경쟁력 + 핵심가치 대입
= 나만의 타이틀

포털 검색을 통해 키워드를 분석하자

6

— 보이는 것이 전부다

2010년을 전후로 이미 대한민국은 뉴미디어 시대에 접어들었다. 스마트폰의 발달로 사람들은 어디에서든 인터넷에 접속할 수 있는 환경 속에 살고 있고, 이로 인해 흔히 광고홍보학에서 ATLAbove The Line로 표현되는 방송, 잡지, 신문, 라디오 등의 매체 미디어의 영향력이 점차 줄어, 이제 '본방사수'라는 말이 딱히 필요 없어졌을 만큼 퇴색되어 버린 상황이다. 그리고 이런 현상의 중심에는 '포털'이라는 능동적인 수용자 중심의 정보 검색 서비스가 존재한다.

포털Portal은 현관문이라는 뜻으로, 뉴미디어의 중심지인 인터넷 포털사이트는 검색 서비스를 제공하거나 다양한 장르의 커뮤니티가 형성되어, 사용자 입장에서 정기적으로 이용할 수 있는 서비스를 제공하고 이를 통해 고정 방문객을 확보하여 인터넷 비즈니스로 연결되는 중요한 수단이다. 그중에서도 가장 독보적인 포털사이트가 바로 잘 알려진 '네이버'이다.

내가 운영하는 ㈜넛지스토리는 온라인 마케팅 기획을 주요 사업으로 하는 회사이다. 온라인 마케팅을 기획하고, 채널을 선정할 때 가장 먼저 고려되는 것이 바로 네이버와 페이스북이다. 페이스북 등의 SNS 채널 이야기는 내용과 분량이 방대한 탓으로 뒤에서 따로 다루도록 하겠다.

네이버는 현재 국내 포털시장 점유율 90%에 육박할 만큼 거대한 포털사이트다. 통계청 e-나라지표에 의하면 2015년 기준, 우리나라의 인터넷 보급률은 약 85%에 육박했다. 그야말로 '인터넷 강국'이라고 불릴 만한 수치라고 할 수 있겠다. 이런 인터넷 사용 인구 중 네이버를 이용하고 있는 인구가 전체의 약 82% 정도 된다고 한다. 산술적으로만 봐도 수천만 명의 사람들이 이용하는 초거대 시장 독과점 위치에 있는 포털사이트로 봐도 무방할 것이다.

대한민국 인터넷 시장은 그야말로 '네이버 공화국'이다. 온라인 마케터들 사이에서는 네이버가 곧 온라인 마케팅의 '정답'으로 불려질 만큼 블로그, 카페, 지식인, 동영상, 웹문서 등 네이버에서 노출되는 모든 카테고리가 전부 마케팅 툴로 쓰이고 있다. 그런 측면에서 바라볼 때 우리는 '퍼스널 브랜드'를 형성하기에 매우 용이한 조건을 갖추고 있다고 볼 수 있다. 엄청난 숫자의 사람들이 사용하는 독보적인 포털사이트 '네이버'가 존재하기 때문이다. 정보를 얻는 통로가 정해져 있기 때문에, 해당 경로에 인물에 대한 내용을 적절히 퍼뜨리는 정도로도 상당한 브랜드 인지도의 상승 효과를 누릴 수 있다.

선택과 집중이란 측면에서 바라볼 때 고민거리를 현저히 줄여주는 고마운 플랫폼이라 할 수 있다. 하지만 반대로 그만큼 넘어야 하는 산도 높다. 실제로 네이버에는 하루에도 수십, 수백만의 콘텐츠가 쉴 틈 없이 올라오고 있기에, 검색했을 때 검색 결과로 잘 잡히지 않는 대부분의 콘텐츠들은 세상에 나오자마자 없어져버리는 결과를 낳기도 한다. 이렇게 되면 인터넷 시장은 SEOSearch engine optimization의 마케팅 전략에 따라 성과 차이가 엄청나게 날 수밖에 없다.

즉, 콘텐츠를 잘 만드는 것은 기본이거니와 잘 '보여지게' 만드는 전략 또한 뒤따라와야 한다는 것이다. SEO라는 용어는 검색엔진 최적화를 뜻하는 말인데 국내에서는 주로 '상위노출'이라는 단어로 많이 표현되는 편이다. 마케팅 업계에서 많이 쓰이는 상위노출이란, 말 그대로 검색 순위 상위에 노출된다는 뜻이다. 포털 검색 시 내가 제작하거나 관련된 콘텐츠가 검색어 입력 시 조금 더 앞쪽에 나오도록 만드는 개념이라고 말할 수 있다.

사업을 하는 사람들이라면 한 번쯤 받아봤을 온라인 광고대행사들의 영업전화 대부분은 이런 '상위노출' 키워드 판매가 주를 이루고 있다. 네이버 통합검색창에 키워드를 검색했을 때 대략적으로 5~10개 사이의 카테고리가 노출된다. 일반적으로 블로그, 뉴스, 카페, 지식인, 웹문서, 이미지, 동영상, 매거진, 포스트 등등 다양한 주제의 카테고리가 노출되는데, 사용자가 어떤 키워드를 검색하느냐에 따라 어떤 카테고리는 네이버 첫 화면에 노출이 될 수도, 반대로 되지 않을 수도 있다.

이런 차이를 만들어내는 것은 바로 '트래픽traffic'이라는 요소이다. (물론 다른 요소들도 작용한다.) 블로그 상위노출의 경우 네이버 자체적인 단속이 매우 엄격하기에 단순히 트래픽을 늘리는 것만으로 노출 순위가 바뀌거나 하진 않는 편이지만, 카테고리 자체를 노출되게 만드는 것은 트래픽을 증가시키는 것만으로도 충분히 가능한 일이다. 여기서 말하는 카테고리는 포스트, 매거진, 블로그 등의 주제에 따른 플랫폼을 얘기하는 것이다.

트래픽이란 일종의 사용자들이 보내는 신호라고 생각하면 좋을 것 같다. 복잡하게 생각할 필요가 없는 것이 포털은 말 그대로 이용자들이 정보를 검색하기 위해 이용하는 관문 같은 개념이기 때문에, 많은 사람이 찾아보는 정보일수록 포털 입장에서도 잘 보이도록 위치를 배치해줄 수밖에 없다는 얘기이다.

즉, 내가 정보를 오픈하기 위해 이용할 플랫폼(블로그, 카페, 지식인 등)이 해당 키워드 검색 시 앞쪽에서 검색될 때는 플랫폼에 대한 최적화(검색이 잘 되도록 세팅하는 과정)를, 카테고리가 아예 검색 노출이 안 될 때는 인위적으로 트래픽을 증가시켜 해당 카테고리를 앞쪽에 나오도록 만드는 과정이 선행되어야 한다는 것이다.

이런 측면에서 순서를 정리하면 다음과 같다.

① 온라인은 보이는 정보에 국한되어 있다.

② 이용자의 절대다수는 네이버라는 거대 포털사이트를 이용하여 정보를 취득한다.

③ 네이버에 내가 원하는 키워드에 대한 콘텐츠를 노출이 잘 되도록 올려놓기만 해도 해당 키워드를 대표하는 듯한 브랜드 이미지를 가져갈 수 있다.

④ 내가 원하는 카테고리가 노출이 안 될 경우, 임의로 트래픽을 증가시켜 카테고리를 앞쪽의 검색 결과에 포함되도록 만드는 것도 가능하다.

⑤ 내가 원하는 키워드를 검색창에 검색해보고, 어떤 카테고리들이 노출되는지 확인한 후 해당 카테고리에 나와 관련된 콘텐츠를 업로드하거나 내가 만들어놓은 (또는 만들어질) 콘텐츠의 성격에 해당되는 카테고리가 상위노출 되지 않을 경우, 트래픽 증가를 이용한 카테고리 상위노출이 선행되어야 한다.

트래픽 증가의 경우, 시중에서 민간 프로그래머들이 개발한 프로그램을 이용하거나 대행사들을 이용하는 간단한 방법이 있으니 실무적인 방법은 따로 다루지 않도록 하겠다.

키워드는 '소비자–플랫폼–공급자'를 연결시켜주는 매체이다.

키워드 분석을 외면하면,

어떤 분야의 온라인 시장에서도 살아남을 수 없다.

브랜드의 일관성

— 노출되기 전에 행동을 시작하라

7

수많은 브랜드 아이덴티티 중 가장 중요한 개인브랜드의 핵심은 '일관성' 그리고 '지속성'이다. '브랜드'라는 단어의 범주 안에선 같을 수 있지만, 기업 브랜드보다도 개인브랜드에서 더욱 강조되는 가치는 바로 '신뢰'에 있을 것이다. 완성된 개인브랜드가 '내가 이러이러한 사람이다~'라는 것을 타인에게 효과적으로 전달하는 데에 그 목적을 둔다고 한다면, '신뢰'는 내가 보여주고자 하는 어떠한 느낌, 모습 등이 담긴 브랜드를 믿고 고착화시켜주는 데 결정적인 역할을 하는 요소이다.

사실 세상 살아가는 데 있어 모든 믿음에는 '신뢰'가 뒷받침되어야 한다는 것에는 이견이 없을 것이다. 이는 개인브랜드 또한 마찬가지이다. 앞서 말했지만, 개인브랜드는 내가 만들어내고(주장하고) 타인에 의해 고착화된다. 타인에게 '신뢰'를 주지 않고 내가 주장하는 바를 관철시킨다는 것은 상상할 수 없는 일일 것이다. '신뢰'는 굳이 개인브랜드에 국한되지 않더라도 모든 브랜드 활동에 있어서 그 어떤 가치보다도 우선시되는 가치일 것이다.

그리고 '신뢰'를 완성시켜주는 가장 강력한 도구가 바로 일관성과 지속성이다. '꾸준하면 성공한다'라는 말이 있듯이 장기간 꾸준하게 같은 일을 반복하면 사람들은 결과를 떠나 그 사람에 대한 일 또는 무언가의 열정(또는 관심, 노력)에 대해 의구심을 품지 않는다. 이런 꾸준함은 타인에게 내 브랜드에 대한 '신뢰'로 이어진다. 이런 신뢰가 쌓여 퍼져나갔을 때 내 브랜드가 고착화되고, 잘 만들어진 브랜드는 내가 하고 있는 일에 대한 '대표성'을 띄게끔 한다.

또한, 대표성은 자연스레 자신을 성공으로 이끌어줄 것이다. 이유는 간단하다. 제대로 된 브랜드의 설정은 곧 타인과 차별화된 완벽한 경쟁력으로 이어지기 때문이다. 나는 과거에서부터 쭉 이어져 온 '꾸준하면 성공한다'라는 말의 비밀을 개인브랜드에서 파헤쳤다. 일을 반복하며 생겨나는 스킬이나 성과도 중요하지만, 그것을 통해 생겨나는 개인의 브랜드가 성공의 열쇠이다. 어떤 일이든 경쟁자는 있기 마련이고 기술의 수준은 시간이 지나면 비슷해지기 마련이다.

같은 일을 하면서도 어떤 목적을 가지고, 어떤 식의 대표성을 띈 개인브랜드를 만들어낼 것인가에 대한 고민, 그 고민부터가 타인과는 차별화된 시작점을 만들어내는 것이다. 어찌 보면 당연한 얘기겠지만, 많은 사람들이 잘 알면서도 이 부분을 간과한다. 내가 어떤 분야에서 전문성을 띠고자 한다면, 그리고 그것이 곧 나의 브랜드로 이어지도록 만들고자 한다면, 가장 기본이 되는 것은 그 일을 오래도록 꾸준하게 하면서 성과를 내는 것에 있을 것이다. 이는 굳이 '전문성'에 국한된 것은 아니다.

내가 가진 브랜드가 '정직한 사람'이라고 한다면 한두 번 정직하게 일한다고 해서 정직한 사람을 대표하는 인물이 되지는 않을 것이다. 하지만 20~30년간 꾸준하게 정직하게 살아왔고 그것을 대표할 수 있을 만한 일화가 있고, 증명할 수 있는 근거와 이를 인정해줄 수많은 사람이 존재한다면, 그는 분명 '정직한 사람'을 대표하는 사람이 될 수 있을 것이다.

일을 반복하여 얻은 스킬을 발휘하며

성과를 내는 것도 중요하지만,

이를 통해 생겨나는 개인브랜드가 성공의 열쇠이다.

한 문장으로 나를 설명하라

— 브랜드 슬로건

8

초두효과初頭效果라는 것이 있다. 맨 처음에 제시된 정보가 나중에 알게 된 정보보다 더 강력한 영향을 미치는 현상으로, 첫인상 효과라고도 한다. 우리나라 사람들의 경우, 처음 습득한 정보로부터 3초 안에 상대방의 첫인상을 결정한다고 한다. 잘못된 첫인상을 형성하면 무려 수십 번의 접점을 가지고 나서야 그 내용이 바뀔 만큼 첫인상에 대한 중요성을 나타내는 지표이다.

브랜드 슬로건은 나를 한 문장으로 타인에게 전달하는 중요한 첫 접점 역할을 한다. 즉 내가 가진 생각이나 가치관, 하는 일 또는 경쟁력 등을 담아 나를 소개하는 한 수단으로써 홈페이지, 명함 등 기타 나와 관련된 콘텐츠를 생산할 시 유용하게 쓰이는 브랜드적 도구이다. 사람들은 보통 어떠한 만남에서 말투, 표정, 행동, 언어 등 보이는 정보들을 위주로 그 사람에 대한 자신의 태도를 결정한다.

따라서 내가 어떤 사람인지, 어떤 생각을 가지고 무엇을 하는지에 대한 진실된 정보가 온전히 상대방에게 전달되려면, 이와 같은 브랜드 슬로건을 만들어 홍보함에 있어 적극적으로 활용할 필요가 있다. 이는 초두효과의 내용처럼 상대방과의 첫 만남에서 내가 보여주고자 하는 브랜드 아이덴티티를 자연스럽고 함축적으로 상대에게 전달함으로써 원하는 첫인상이나 이미지를 형성할 수 있도록 만들어주는 원리이다.

나 같은 경우 직업이 개인브랜드 매니저이다 보니 모든 비즈니스가 '타인의 인생 성공'을 담보로 이뤄지는 경우가 많다. 아직은 워낙 생소한 직업군이기도 하고, 비즈니스의 핵심 상품이 인생에서의 성공을 중심으로 얘기하다 보니, 내가 어떤 마음으로 일하고 있고 상대를 대하는지에 대한 정보 전달이 매우 필수적이다. 그래서 나의 브랜드 슬로건은 '타인을 이롭게 하라'이다. 나는 이렇게 내 철학이나 가치관을 문장화시켜 명함, 블로그, 강연회, 기타 나를 소개해야 하는 사람들과의 모든 접점에서 내가 보여주고자 하는 이미지를 매우 효과적인 한 문장으로 전달한다.

예시를 들겠다. 만약 당신과 내가 처음 만나 미팅을 진행하였을 경우, 당신과의 첫인사이다.

"안녕하세요. 국내 1호 개인브랜드 매니저 국도형입니다."

"'타인을 이롭게하라!' 국내 1호 개인브랜드 매니저 국도형입니다."

둘 중 처음 만난 당신의 나에 대한 첫인상이 어느 쪽에서 더 전달이 잘 되었을까? '나라는 사람이 하는 일의 방향성'이 어느 쪽에서 더 잘 표현되었는지를 본다면, 이 브랜드 슬로건 제작과 활용에 중요성을 느끼게 될 것이다. 실제로 현장에서 상담을 진행하다 보면, 내가 내 브랜드 슬로건을 먼저 얘기하고 내 소개를 할 경우, 첫 만남임에도 많은 질문을 받게 된다. 어떤 식으로 타인을 이롭게 하는지, 왜 어떻게 타인을 이롭게 만들 생각을 하게 되었는지 등 굳이 내가 말하지 않아도 내가 하고자 했던 얘기를 상대방의 질문을 통해 대답하기 때문이다.

이처럼 자연스럽게 내가 심어주고자 했던 '첫인상'이라는 이미지를 전달할 수 있었다. 일반적으로 브랜드 슬로건이란, 해당 서비스나 제품 또는 브랜드 자체가 가진 핵심적인 가치관을 중심으로 풀어낸다. 사람이 중심이 되는 개인브랜드의 경우, 그 사람이 가진 인생 또는 직업 철학, 향후 비전 등을 중심으로 직업과 관련되어 풀어낼 수 있다면, 좋은 브랜드 슬로건을 만들 수 있을 것이다.

모 침대의 브랜드 슬로건은 '침대는 과학이다'이다. 이 슬로건의 경우 짧은 문장으로 해당 침대 회사가 가진 철학과 고객에 대한 서비스 지향점이 효과적으로 녹아들어 있다. 문재인 대통령의 경우, '사람이 먼저다'라는 슬로건을 사용하는데, 이것은 문재인 대통령에 따뜻함, 인간미, 온정주의 등이 잘 녹아들어 있다.

좋은 개인브랜드 슬로건을 만들고자 한다면, 첫 번째로 내가 지향하고자 하는 이미지와 가지고 있는 인생의 지향점이 비슷한지를 먼저 검토해보는 것이 좋다. 여러 강연에서 가장 많이 했던 말 중 하나가 '브랜드는 언행일치言行一致가 되어야 한다'라는 얘기인데, 내가 보여주고자 하는 이미지와 가지고 있는 가치관이 서로 다를 경우, 시간이 지날수록 내 이미지와 행동에 괴리가 나타날 수 있다.

높은 브랜드 신뢰를 유지하기 위해서라도 가장 먼저 내가 가진 과거, 현재, 미래를 아우르는 인생의 방향점이 같은지, 다른지를 검토해봐야 한다. 만약 다르다면 이것을 하나로 맞춰줄 필요가 있다. 설령 다른 삶을 살아왔다 하더라도 현재를 중심으로 정보를 재편해주는 것이 좋다. 이 과정이 끝나면 자신이 하려고 하는 일, 또는 하고 있는 일에 기인하여 일전에 도출해낸 내 인생의 키워드와 직업적 속성에서 찾아낼 수 있는 키워드를 동일시할 수 있는 부분을 찾아야 한다.

쉽게 풀어서 설명하자면, 브랜드 슬로건을 제작할 때 중요한 것은 당신이 가진 생각이 어떤지, 당신이 영위하고 있는 직업과 그것을 연결시킬 수 있는 부분이 있는지를 찾아내서 문장화시켜야 한다는 뜻이다. 카피라이팅은 창작의 개념이기 때문에 정답이 없다. 내가 알려주는 방법도 노하우에 따른 것이다. 어떤 명확한 답을 바라고 접근하기보다는 첫째, 만들어진 문장에 '나'라는 사람이 함축적으로 잘 담겨있는지, 둘째, 어느 정도 나에 대한 궁금증을 유발해낼 수 있는지, 셋째, 내가 보여주고자 하는 이미지와 잘 맞는지 등을 검토해보자.

이런 세 가지 항목에 부합한다 싶은 문장이 만들어진다면, 그 문장이 당신의 훌륭한 개인브랜드 슬로건이 될 가능성이 크다.

좋은 개인브랜드 슬로건을 만들려면,

내가 지향하는 이미지와 갖고 있는

인생의 지향점이 비슷한지를 검토해봐야 한다.

브랜드에 대한 이유와 명분을 만들자 9

— 브랜드 스토리

스토리텔링은 'Story'와 'Telling'의 합성어로, 말 그대로 '이야기하는 것'을 뜻한다. 상대방에게 전달하고자 하는 내용을 재미있고 풍부한 이야기로 설득력 있게 전달할 수 있는 장점이 있어서 굳이 개인브랜드가 아니더라도 마케팅이 필요한 전 영역에서 가장 활용도 높은 도구 중에 하나로 쓰인다. '브랜드 스토리텔링'이란 위에 설명한 스토리텔링을 이용하여 그 브랜드가 탄생하게 된 배경과 목적, 이유, 과정 등을 담아 해당 브랜드가 어떤 이점을 가지고 있는지, 어떤 경쟁력을 가지고 있는지에 대해 전달하는 방식을 얘기한다.

브랜드 스토리가 중요한 이유는 '명분'에서 찾을 수 있다. 명분의 뜻을 쉽게 풀이하면 '정당한 이유' 등으로 표현할 수 있는데, 말 그대로 내 브랜드를 소비자가 이용해야 하는 이유를 이야기를 통해 부드럽게 전달할 수 있기 때문이다. “모든 사업엔 ‘명분’이 중요하다”라는 얘기가 있듯이, 우리가 하는 모든 행위엔 반드시 명분이 존재한다. 세상의 모든 일이 돈에 의해 좌지우지되는 것 같지만, 실상은 그 돈을 가지고 있는 사람에 의해 좌지우지되는 것이다.

결국 돈을 벌고자 하는 사람이라면 돈을 설득하는 것이 아니라, 그 돈을 가지고 있는 사람을 설득할 수 있어야 한다. 당연히 사람을 설득하려면 그 사람이 나 자신에게 돈을 써야 하는 이유를 효과적으로 설명할 수 있어야 함은 기본이 된다. 바로 이런 이유 때문에 ‘정당한 이유’, 바로 명분이 중요하다는 것이다. 인간이 어떠한 행위를 하기 위해선 그에 따르는 이유가 반드시 필요하다. ‘원인 없는 결과 없다’라는 말처럼 사람들이 무언가를 보고 평가할 땐 그 행위에 대해 반드시 ‘왜?’라는 질문에 대한 답변을 요구한다.

‘왜?’라는 질문에 보다 명쾌하고 타당한 답변을 내놓을수록 상대방의 마음을 내가 생각하는 쪽으로 돌려놓을 확률이 커진다. 위에도 언급했듯이 돈이 아니라 사람을 설득할 수 있다면, 돈은 따라오게 되어있다. 그렇기에 강력한 명분을 지닌 사업은 어떤 식으로든 잘되지 않을 수 없는 것이다.

마찬가지로 개인브랜드 스토리는 내 이야기를 통해 상대방이 내 서비스를 이용해야 하는 이유, 내가 전문가인 이유 등을 부드럽게 전달함으로써 대상에게 명분을 내세울 수 있도록 만들어준다. 같은 상황이라도 어느 쪽이 더 신뢰도 높은 브랜드 스토리를 제시할 수 있느냐에 따라 고객의 선택이 달라진다.

A와 B라는 변호사가 있다고 가정하겠다. A라는 변호사는 단순히 자신의 법률 지식과 변호 실력 등 기술적인 부분에 대해 설명하는 반면, B라는 변호사는 자신의 높은 법률 지식이 어디서 왔는지, 변호 실력이 왜 뛰어난지에 대한 설명을 자신이 겪어왔던 일을 토대로 풀어나갔다. 당신은 어느 쪽 변호사를 선택하겠는가? 간단한 문제이다.

개인브랜드 스토리는 내 이야기를 전달함으로써 대상에게 명분을 내세울 수 있는 강력한 무기이다.

개인브랜드 스토리 만드는 법

10

개인브랜드 스토리는 자신이 살아온 날들을 돌이켜보는 것부터 시작된다. 자신의 인생을 태어났을 때부터 현재까지 굵직한 이슈를 중심으로 일대기를 쓴다고 생각하고 작성해보길 바란다. 그리고 자신의 브랜드 아이덴티티에 가장 맞아떨어지는 부분을 발췌하여 그것을 짧은 스토리로 만들어주면 된다. 쉽게 말해 자신이 그 브랜드를 가지게 된 이유, 자신의 브랜드를 만들게 된 배경 등을 살아온 경험 안에서 찾아 명분을 만들어주는 과정이다.

이해가 어려운 사람들은 자신이 차후에 달성하고자 하는 목표와 그것을 위해 영위하게 된 직업, 그리고 그것에 따르는 동기를 엮어주는 형태라고 생각하면 도움이 될 것이다. 예를 들어 향후 인생의 목표가 행복한 국가를 만들 수 있는 정치 활동이고, 현재 직업이 변호사라 한다면 변호사가 되기까지의 과정 중에 우리 사회와 국가를 위해 헌신하겠다는 생각을 갖게 된 동기를 자신의 삶 안에서 가장 잘 드러나는 경험의 일부에서 발췌하여 스토리로 만들어주는 것이다.

이 경우를 토대로 그럴싸한 브랜드 스토리를 만들어보겠다.

가난한 집안에서 태어난 A는 자신의 노력으로 우여곡절 끝에 서울에 있는 좋은 대학을 들어갔지만, 자신에게 맞지 않는 대학 생활에 하루하루 지쳐만 갔다. 봉사활동 동아리에 들어간 A는 어려운 사람들을 사회적 네트워크와 연결하여 도움을 주는 일을 하게 되었고, 그곳에서 소소한 행복을 느낄 수 있었다.

A는 그들에게 단순 연결이 아닌 궁극적으로 어떤 도움을 줄지 고민하던 중, 사회 취약계층에 있는 사람들이 법률적 지식이 부족하여 겪게 되는 많은 사회적 불평등을 목격했다. 당시 A가 하던 일은 그들에게 위로의 말을 건네는 것이 전부였고, 보다 근본적인 도움을 줄 수 있는 방법을 고민하게 되었다.

그리고 직접 법률 전문가가 되어 돕는 것이 가장 빠른 지름길이라는 생각을 가지게 되었다. 그로 인해 변호사의 길을 걷게 되었고, 지금의 인권 전문 변호사 A가 탄생하게 된 것이다.

이것은 내가 글을 쓰며 즉흥적으로 떠올린 브랜드 스토리이다. 물론 상황에 따라 다르지만 향후 정치 활동을 염두에 두고 있다면, 많은 이들의 정서적 공감과 믿음이 필요할 것이기에 순수한 목적성을 어필하고, 현재에 이르기까지 모든 인생의 선택이 그런 생각을 실천하는 방향으로 왔다는 일종의 사회적 명분을 강조한 스토리이다.

좋은 스토리는 너무 복잡하게 생각하는 것보다 진실을 기반으로 한 경험적 이야기가 바탕이 되었을 때 탄생한다. 보통은 발단, 전개, 절정, 위기, 결말의 순으로 뼈대를 구성한 뒤 향후 활동 계획이 있는 목표에 어긋나지 않도록 이야기 등을 함축하여 만들어 준다면 좋은 브랜드 스토리를 만드는 데 도움이 될 것이다.

많은 전문가들이 이런 스토리텔링에 있어 다양한 기법과 장치 등을 중요하게 설명하지만, 나 같은 경우 만들어진 브랜드 스토리가 얼마나 강력한 공감대와 설득력을 가지고 있는지를 중심으로 판단한다. 강력한 공감대와 설득력은, 앞서 말했던 명분을 두고 그 명분이 대상이 되는 이들에게 얼마나 강력하게 작용하는지를 살펴보는 과정에서 나온다.

내가 가진 브랜드 스토리에서 **[현재까지의 나]**와 **[앞으로의 계획된 나]**를 놓고 보았을 때, 누구든 당연하게 이해될 수 있다면, 최고의 브랜드 스토리가 만들어지는 것이다. 여기서 주의할 점은 어떠한 경우에도 없던 이야기를 지어내서 자신의 브랜드 스토리로 만들어서는 안 된다는 것이다. 브랜드라는 것은 곧 신뢰를 나타내는 것이기 때문에, 당신이 도구로써 만들어둔 브랜드 스토리가 만에 하나 가짜라는 것이 밝혀지게 된다면, 당신에 대한 세상의 신뢰는 와르르 무너져 내릴 것이다. 그리고 그동안 쌓아온 모든 것들이 한순간에 물거품이 될 것이다.

이제 본론으로 들어가서, 자신이 봐도 훌륭한 브랜드 스토리가 만들어졌다면 다음으로 해야 할 것은 바로 언행일치이다. 언론과의 인터뷰, 자신이 만들어낸 콘텐츠 외부 행사 등에서 자신의 얘기를 하게 되는 순간이 왔을 때 당신은 한결같이 미리 준비해놓은 브랜드 스토리를 중심으로 한 치의 오차도 없도록 일관되게 이야기해야 한다. 브랜드 스토리는 브랜드적 도구를 떠나 당신이 가지고 있는 브랜드에 대한 명분이 되어주는 줄기와도 같기에, 줄기가 바로 서지 않고 가지가 곧게 뻗어나갈 것이라 생각할 수는 없기 때문이다.

만약 A매체와 B매체에 서로 각기 다른 브랜드 스토리를 중심으로 인터뷰를 진행할 경우, 당신을 검색했을 때 나오는 당신의 정보들은, 서로 각기 다른 다양성을 띄어 대중들로 하여금 신뢰할 수 없는 사람이라는 오명을 만들어내게 될 것이다. 이렇듯 무엇을 만들어내는 것과 활용하는 방법은 서로 다른 영역이다. 따라서 너무 머리를 굴리려 하기보다는 '있는 모습 그대로'를 자연스럽게 표현하는 것이, 당신이란 브랜드의 가치를 제대로 느끼고, 세상 속에서 롱런long-run하는 핵심적인 역할을 하게 될 것이다.

좋은 브랜드 스토리는 너무 복잡하게 생각하는 것보다

진실을 기반으로 한 경험적 이야기가 바탕이 되었을 때 탄생한다.

Part 5

개인브랜드 도구 활용법

First Branding

개인브랜드 도구란 무엇인가?

1

개인이 가진 아이덴티티를 발굴하고, 이에 걸맞은 브랜드 스토리와 슬로건 등이 개발되었다면, 이제는 이런 것들을 세상에 활용할 만한 수단을 만들어야 한다. 나는 이것을 '도구'라고 표현하는데, 쉽게 풀이하자면 대표 콘텐츠 및 기타 브랜드 활동을 의미한다. 이런 도구들을 활용하여 당신이 만들어낸 브랜드의 인지도 등을 높이고, 해당 시장에서의 영향력을 강화시킬 수 있다.

예를 들어서 공적인 영역에서 전문성 있는 브랜딩이 필요할 경우, 공신력 있는 매체의 칼럼니스트 활동을 통해 공신력을 더욱 강화시키는 방법이 있을 것이고, 경력이나 스펙 등 빵빵한 내실을 갖췄지만 낮은 인지도를 가진 사람들은 유튜브 등의 활동을 통해 인지도를 확보하는 등의 활동을 예로 들 수 있다. 물론 칼럼니스트를 하기 싫어서 안 하는 사람은 없을 것이라 생각한다.

개인브랜드 매니저 활동을 수년간 해온 결과, 나는 이런 콘텐츠를 구성하거나 발행할 수 있는 권한을 가지게 되는 실무적인 방법에 대해 깨달았다. 이 장에서 다룰 내용은 단순히 콘텐츠를 어떤 식으로 구성하라는 내용이나, 브랜드 활동을 어떤 식으로 전개하라는 조언보다는 구체적으로 어떤 경로를 통해 그것에 접근하고 기회를 얻을 수 있는지, 그리고 이러한 것들을 어떻게 활용해야 하는지에 대한 총론이다.

만약 콘텐츠를 발행하고자 하는 의지가 있고, 시간을 투자하여 자신의 브랜드 가치를 높일 수 있는 활동에 대해 관심 있는 사람이라면, 이번 장에 나오는 내용들을 집중해서 보길 바란다. 대표 콘텐츠의 경우, '무엇을 선택하는가'보다 '어떻게 할 것인지'에 대한 고민이 필요하다.

앞장에서 얘기했듯 책을 내는 것이 중요한 것이 아니다. 그 안에 어떤 것을 담았느냐가 중요하다는 뜻이다. 시대적으로 유행이 지난 플랫폼이라도 해당 분야에서 자신이 만들어낸 양질의 콘텐츠로 이용자들을 끌어모을 수 있다면, 플랫폼에 유형과 관계없이 당신의 브랜드는 높은 영향력을 가지게 될 것이다.

그러니 너무 복잡하게 무엇을 할지를 고민하기보다는 자신이 가장 잘 만들어낼 수 있는, 할 수 있는 일의 유형이 무엇인지 생각해본 뒤 일단 그것이 무엇이든 실천하는 쪽으로 방향성을 잡길 바란다.

페이스북과 인스타그램(SNS) 2

좋은 차, 좋은 음식, 좋은 여행 등 대부분의 SNS 정보는 이렇게 '좋은 것'들로만 구성된다. 굳이 내 치부를, 내가 드러내어 남들에게 널리 알릴 이유가 무엇이 있겠는가? 생각해보면 SNS의 정보는 대부분 '날것' 그대로가 아닌 필터를 거친 정보들이다. 페이스북에 사진을 올리는 것은 손가락 몇 번만 움직이면 가능한 일이지만, 어떤 사진에, 어떠한 글을 적어 올릴지 결정하는 것은 생각만큼 쉬운 일이 아니다. 올라가는 게시물들의 내용은 내 이미지와도 직결이 되기 때문이다.

이처럼 '소통'이란 이름으로 포장되어 있지만, 모든 SNS 채널에 올라오는 개인 게시물은 날것이 아닌 '연출'에 의한 것일 가능성이 크다. 즉 의도했든, 의도하지 않았든 SNS 이용자들은 자신에 대한 마케팅을 실천하고 있다는 것이다. 혹시라도 이 책을 읽고 있는 사람들 중에 SNS를 보며 자괴감을 느끼고 있는 사람들이 있다면, 제발 그런 정보들에 너무 민감해하지 않길 바란다. 괜히 자존감만 낮아질 뿐이다.

개인적으로 SNS에 너무 과도한 시간을 사용하는 것을 비판하는 입장이다. 하지만 브랜드를 만드는 관점에서 잘 짜여진 SNS 활동들은 개인브랜드를 만들 때 도움 되는 것이 사실이다. 아예 '1'조차 없는 사람이 수십, 수백 배를 과장하거나 뻥튀기하는 것은 사기이지만, '10' 정도 있는 사람이 표현을 '50'이나 '100' 정도로 튀겼다면 이것은 사기보단 과장이고, 더 좋은 말로 포장하면 '마케팅'이다.

많은 플랫폼이 있지만, SNS를 논할 때 주로 등장하는 것이 페이스북과 인스타그램이다. 그만큼 타 플랫폼에 비해 압도적인 유저수를 보유하고 있으며, 이로 인해 플랫폼마다 고유의 특성 또한 지니고 있다.

페이스북의 경우 정보나 뉴스 등을 확산시키는 데 최적화된 플랫폼이다. 주로 공적 영역의 정보 공유와 확산이 많이 일어나는 편인데, 노출 시스템 구조상 어떤 이가 **[좋아요]**를 누를 경우, 그 사람의 페이스북 친구들 뉴스피드에 자동 연동되므로, 주변인들 중심으로 정보를 확산시키기에 용이하다. 페이스북은 한 계정당 5,000명까지 친구를 추가할 수 있어서, 굳이 팔로워 확보 작업에 목매지 않더라도, 실제 소통하는 친구 숫자만 어느 정도 확보된다면 내가 어필하고자 하는 나의 정보를 손쉽게 노출시킬 수 있다.

또한, 자체 타깃 광고 시스템이 매우 잘 갖춰져 있어서 적절한 광고비 지출이 뒷받침된다면 친구나 팔로워 이외에도 다수의 타깃팅 고객들에게 내가 원하는 정보를 강제로 노출시킬 수 있다는 장점이 있다. 페이스북은 크게 '개인 계정'과 '페이지 계정' 두 가지로 계정 형태가 나뉘는데, 일반적으로 개인 계정은 일상 공유를 통한 소통을, 페이지 계정은 페이지 목적에 맞는 정보 전달을 목적으로 하기에 시간적 여유가 된다면 양쪽을 전부 운영해보는 것을 추천한다.

인스타그램의 경우 2012년도에 페이스북에서 직접 인수한 플랫폼이다. 주로 이미지를 통한 사적인 생활 공유를 목적으로 하며, 노출 알고리즘이 **[좋아요]**나 **[공유기능]** 등을 통해 콘텐츠의 확산 정도가 결정되는 페이스북과 다르게 개인이 선택한 관심 분야, 해시태그 등에 따라 결정된다. 그러므로 인스타그램 운영에 있어 퀄리티 있는 이미지와 해시태그 활용은 내 콘텐츠를 확산시키는데 가장 중요한 요소라고 볼 수 있다.

이런 이유로 인스타그램은 매우 감성적인 콘텐츠가 대세를 이룬다. 인스타그램을 통한 개인브랜드 강화를 꿈꾸는 사람이라면 퀄리티 있는 이미지와 스토리텔링 기법을 활용한 운영 방식을 중심으로 전략을 펼쳐야 한다. SNS를 활용하고자 한다면 이슈를 만들어내고 이를 확산시키는 것이 중요하다. 광고비 투자가 가능할 경우 각 플랫폼에서 운영하고 있는 타겟팅 광고 솔루션을 활용한다면, 자신이 홍보하고자 하는 특정 타겟층을 대상으로 내 콘텐츠를 노출시킬 수 있다.

단 페이스북의 경우에는 콘텐츠 안에 담겨 있는 정보나 이슈거리가 각 유저들의 **[좋아요]**나 공유활동을 통해 매우 단기적으로 확산되는 특징을 보이기 때문에, 내가 생성한 콘텐츠를 짧은 시간 안에 어떻게 빠르게 확산시킬지에 대한 논의가 필요하다. 반대로, 인스타그램의 경우 개인 일상 공유가 목적인 만큼 이런 특성을 활용하여 사람들의 감성을 자극할 수 있는 스토리텔링을 위주로 퀄리티 있는 사진 콘텐츠를 구성할 것을 추천한다.

브랜드 가치는 많은 사람들로부터 인정받을수록 높아진다. 불과 몇 년전만 해도 블로그를 중심으로 한 브랜드 활동이 주를 이뤘다면, 현재는 위에서 언급한 페이스북, 인스타그램 활용을 통해 브랜드 가치를 높이는 일들이 일반화된 상태이다. 그래서 자신의 SNS 계정이 가진 인지도는 해당 분야의 브랜드 영향력과 비례한다.

일반적으로 영향력 있는 계정을 꼽는 요소로는 평균 조회수, 팔로워 수, **[좋아요]** 개수 등을 토대로 평가를 한다. 만약 당신이 수십만 팔로워를 가진 특정 분야의 SNS 계정 운영자가 될 수 있다면, 그리고 올리는 게시물마다 엄청난 조회수와 **[좋아요]** 개수 등을 확보할 수 있다면, 그것만으로도 당신은 해당 분야에서 높은 영향력을 지닌 사람이라고 시장에서 인식될 것이다.

물론 SNS 전체를 페이스북, 인스타그램 두 가지 플랫폼으로만 이해하는 것이 옳지 않다. 다만, 개인브랜드 도구로써 바라본다면 페이스북, 인스타그램 두 가지 플랫폼을 잘 활용했을 때 다른 수많은 플랫폼 등을 대체하고도 남을 것이므로, 효율을 생각하는 사람이라면 다양한 나만의 플랫폼을 고민하는 것보다 이 두 가지 플랫폼을 가지고 어떤 식으로 운영할 것인지에 대해 고민해보는 것을 추천한다.

책 출판하기 3

'효과적인 퍼스널 브랜딩을 원한다면 책부터 내라.' 이런 이야기가 있다. 명확하게 말하지만, 이 부분은 잘못된 이야기다. 물론 과거에는 책을 내면 작가 활동이 가능해지기에, 전문가로 활동하는 데 있어 유리한 부분이 많았다. 하지만 콘텐츠 홍수 시대인 지금, 출판은 내가 가지고 있는 브랜드의 본질을 서면화시켜 강화해주는 부분일 뿐, 그 이상의 의미를 찾기 어렵다.

예를 들어 아무 재능이나 업적이 없는 A라는 사람이 자기 분야에 대해 책을 낸다고 할 때 그 책에는 깊이 있는 그 사람만의 노하우나 장점이 담기기 어렵다. 출판 시장이 발달한 만큼 독자들의 눈도 많이 높아졌다. 특히 출판의 경우 내가 하고자 하는 이야기가 문서로 남기 때문에 만에 하나 잘못된 정보나 지식을 적을 경우, 당신이 발전과 성장에 있어 해가 될 것이다.

하지만 그렇다고 해서 개인브랜드 가치를 높이는 데 있어 책을 내는 행위가 결코 작은 부분은 아니다. 만약 당신이 당신만의 경험 또는 지식을 바탕으로 독자들의 마음을 움직일 수 있는 책을 발간할 수 있고, 그것이 효과적인 마케팅 전략을 바탕으로 높은 판매 부수를 기록하게 된다면, 어떤 개인브랜드 도구보다도 가장 강력한 도구가 되어줄 것이다.

내가 얘기하고자 하는 것은 브랜드의 본질적인 문제이다. 진짜 전문가가 아닌 사람이 전문가인 척하고 다닌다고 해서 전문가가 되지 않는다. 말한 대로 책이라는 것은 인쇄물로, 평생 동안 남는 것이기 때문에 당신이 만에 하나 자신이 진짜 전문가가 아닌 상태로 책을 쓰게 된다면 이후 당신이 정말 전문가가 되었을 때 오히려 독이 될 수 있다는 것이다. 그만큼 출판이라는 것은 간단히 볼 문제가 아니다.

개인브랜드를 제대로 만들고자 하는 사람이라면 브랜드의 본질이 무엇인지 꼭 생각해보길 바란다. 혹, 본질이라는 단어가 무엇을 뜻하는지 이해가 어려운 사람을 위해 잠깐 개념을 설명하겠다.

맛집을 예로 들겠다. 맛집의 본질은 무엇일까? 방송에 소개되어 유명세를 타는 것일까? 예쁘고 잘 만들어진 인테리어로 주변인들의 이목을 사로잡는 것일까? 둘 다 아니다. 맛집의 본질은 그냥 '맛'이다. 맛집이라면 다른 것을 생각하기 이전에 뛰어난 맛을 선보여 매장을 찾는 손님들에게 높은 만족감을 제공하는 것이 본질이다. 브랜드의 본질이란 바로 내가 해야 하는 것에 대해 기본부터 충실하는 것이다.

이 책을 읽는 사람 중 만약 마케팅적인 책 쓰기를 하거나, 하려고 하는 사람이 있다면 반드시 자신에 대해 한 번씩 돌아보는 것을 추천한다. 자신이 하는 말들이 정말 자신의 경험에서 우러나온 것인지, 독자들에게 전달하고자 하는 메시지는 본인 스스로 충분히 검증된 얘기들인지 말이다. 이런 과정 없이 단순히 작가라는 타이틀을 얻기 위해 책을 내고, 사재기를 통해 베스트셀러 반열에 올라가려 하다면, 단 한 번의 실수로 인해 쌓아온 탑이 우르르 무너져 내릴 수 있다는 것을 명심하자.

그렇다면 출판을 선택해야 하는 시기는 언제쯤일까? 세 가지 정도의 기준을 가지고 참고하길 바란다. 첫째, 내가 이야기하려고 하는 분야나 대상에 대한 성과를 만들었을 때, 둘째, 내가 쓰려고 하는 내용에 대해 확고한 가치관이나 소신이 생겨났을 때, 셋째, 이런 내용을 바탕으로 자신만의 노하우가 생겨났을 때이다.

만약 당신이 이 세 가지 질문 중 한 가지라도 완벽한 대답을 내놓을 수 있는 상황이라면 출판 작업에 들어가는 것을 추천한다. 당신이 세상에 내놓은 책은 매우 훌륭한 책이 될 것이고 독자들은 이를 분명히 알아볼 것이기 때문이다. 분명 당신의 개인브랜드 가치는 장기적으로 상승할 것이다.

개인브랜드 분야에서 출판이 가지는 의미에 대해서 조금이라도 감을 잡았다면 이제 출판 유형에 대해 설명하겠다. 출판은 크게 세 가지 정도로 분류할 수 있다. 이게 출판시장에서의 기준이 아니라 개인브랜드 마케팅 관점에서 하는 얘기라는 것을 미리 알려둔다.

첫 번째는 '전자출판'이다. 이미 많은 사람들이 마케팅을 위해 활용하고 있는 수단이며 부크크 등의 사이트를 통해서 출판이 가능하다. 비용은 모든 비용을 합쳐도 10만 원 내외이다. 출판하는 법은 전자출판 사이트마다 방법이 다르고 사용 매뉴얼 등이 잘 나와 있으니 해당 사이트에 접속에서 참고하는 것을 권한다. 전자출판이라고 해서 실물인 책을 받아보지 못하는 것은 아니다. 우리가 '정식출판을 했냐, 안 했냐'라고 판단하는 기준을 ISBN이라는 코드 발급의 유무를 두고 판단한다.

전자출판의 경우 ISBN에 코드가 발급된다. ISBN 코드란 국제 표준 도구로써 국제적으로 표준화된 방법에 따라 전 세계에서 제작되는 도서의 부여되는 번호를 뜻한다. 과거에는 포털에 인물 등록을 할 때 저서 등록이 되었기 때문에 마케팅으로 활용되었고, 현재는 개인브랜드가 아니더라도 기업 어프로치 전략 등으로도 많이 활용되고 있는 방식이다. 전자책이 발간되면 국내 대형 온라인 서점에 정식으로 상품이 등록되며 포털을 통해 바로 내가 제작한 저서가 노출된다.

그래서 요즘에는 워낙 많이 쓰고 있는 방식이기 때문에, 출판을 통해 차별화 전략을 이행하고자 하는 사람들에게 추천하고 있지 않으며, 다만 주요 직함이 작가가 아닌 경우나 강연 활동에 크게 비중을 두지 않는 경우에 보조 스펙 정도로 사용되고 있다. 만약 정식 출판이 진행된 저서가 두 권에서 세 권 정도 있는 사람이라면 혹은 정말 작가 활동을 하고 있는 사람이 아니라면, 이후 번거로울 수 있는 정식 출판보다는 전자출판이 꾸준히 자신의 활동을 알린다는 의미에서 더욱 괜찮은 방식이다.

두 번째는 '자가 출판'이 있다. 자가 출판은 쉽게 말해 자신이 돈을 지불하고 출판을 하는 것이다. 그래서 쉽게 진행이 가능하다. 인세의 경우 무려 30%~40%가량이 보장된다. 만약 출판 연결고리를 찾기 힘들고 자기만의 뚜렷한 캐릭터나 색채가 부족한 경우 출판하기 좋은 방식이다. 마케팅을 위해 책을 출판하는 경우 대부분의 사람들이 자가 출판을 한다.

자가 출판의 특징은 출판 과정이 쉽고 자기 마음대로 가능하다는 점, 갑과 을의 관계가 바뀐다는 점과 인센티브 또한 높다는 점이 장점으로 작용한다. 그러므로 자신이 가진 영향력은 부족하지만, 원고에는 자신이 있는 사람이라면 자가 출판을 활용하는 것이 좋다. 자가 출판이라고 하더라도 책에 '자가 출판'이라고 적어놓는 경우가 없기에, 일반인들은 이를 확인할 수 없다. 자가 출판은 보통 마케팅을 주체로 하는데, 블로그, SNS를 통해 책의 내용을 포스팅하고 이를 활용해서 강의로 사용하는 경우가 많다.

자가 출판은 쉽고 편하게 출판을 시작하는 사람들에게 좋은 방식이다. 하지만 자가 출판의 경우 출판비용, 마케팅 비용을 자체적으로 해결해야 하기 때문에 비용이 많이 들어간다는 것이 단점이다. 그렇기에 개인브랜드 가치를 높이는 데 있어, 마케팅 비용, 출판 비용을 전부 고려해야 한다. 출판 비용은 인쇄 부수나 크기, 컬러의 형태 등에 따라 다르지만, 일반적으로 1,000만 원 이내면 충분히 자가 출판이 가능하다. 여러 옵션들을 최소치로 줄일 경우 300~500만원까지도 가능한 경우가 있으니, 금액이 부담되는 사람들은 여러 출판사를 컨택해서 알아보기를 추천한다.

초창기에 매니지먼트를 맡았던 20대 중반의 한 여성 고객은 매우 명예욕이 높은 스타일이었다. 그녀는 하루빨리 높은 사회적 지위와 인지도를 얻기를 원했지만 어린 나이와 학생이란 신분이 그녀의 발목을 잡고 있는 상태였다. 의뢰를 받아 인터뷰를 진행하다 보니, 자기와 비슷한 나이 또래 사람들에게 조언을 하는 것을 좋아한다는 특성을 알게 되었다.

하지만 그녀에게는 뚜렷한 스펙이 없었기 때문에 아무리 얘기를 해도 한 귀로 듣고 한 귀로 흘려버리는 경우가 많은 상태였다. 이로 인해 자존감의 문제도 생겨났다. 이때 찾은 방법이 자가 출판이었다. 더군다나 그녀는 이미 자가 출판 경험이 있는 상태였다. 책을 받아 내용을 보니 자신의 분야에 국한되어 독자에 대한 스펙트럼이 넓지 못했다. 그러다 보니 대중적이지 못한 책이 나오게 되었고 큰 반향을 일으키지 못했던 마케팅 활동으로 잘 안 팔리게 되었던 것이다.

이후 컨설팅을 통해 스펙트럼을 넓혀 20대 청년들에게 해주는 자기계발 자서전 출간을 계획하였다. 그녀는 기획출판을 희망했는데, 보다 보니 절대 안 될 것 같아서 자가 출판을 추천했다. 결국 그녀는 자가 출판을 하고 이후 강연가로서 활동하고 있다. 이 사례처럼 자신이 만약 사회적 영향력이 약한 상태이고 빠른 시간 내에 더 높은 사회적 지위를 얻고자 하는 사람이 있다면 자가 출판을 진행하는 것이 적절할 것이다.

마지막으로 '기획출판'이 있다. 기획출판은 자기만의 경쟁력이 확실하거나, 사회적인 지위나 인지도(영향력)이 높다고 판단될 경우 출판사에서 출판 비용을 전액 부담하며 이에 따른 마케팅 지원까지 기대해볼 수 있는 방식이다.

출판사에 따라 추구하고자 하는 출판 장르가 다르므로, 자신이 쓰고자 하는 원고의 장르에 부합되는 출판사를 컨택하는 것이 중요하다. 이것은 꽤 시간 투자가 필요한 작업인데 출판전문가들을 직접 만나 상의해보는 것을 추천한다. 이는 시간을 줄이는 데 많은 도움이 된다.

기획출판을 하는 방법은 제목, 목차 등을 짠 뒤 본문 내용을 절반 정도 쓰고, 앞쪽에 있는 20여 페이지 정도를 PDF 파일로 변환하여 출판 기획서와 함께 원하는 출판 담당자에게 투고하면, 출판사에서 연락이 온다. 물론 이 경우 출판사는 수많은 원고를 투고받기 때문에 내가 연락을 한다고 해도 답이 안 올 수도 있다. 차일피일 두세 군데 원고를 투고하고 시간을 보내는 경우가 많다. 기획출판의 경우 출판 담당자의 연락처를 수백 개 확보한 뒤 이메일을 보내는 방식을 추천한다. 가장 중요한 것은 원고도 원고지만 출간 기획서가 가장 중요한 요소이다.

출간 기획서란 보통은 작가 소개, 책 소개, 마케팅 방안, 본문 일부 내용, 경쟁력 소개 등을 넣어주는 경우가 일반적이다. 출판사의 입장을 고려하여 자신의 책을 출판했을 경우 출판사가 얻게 되는 잠재적 이익을 명시해줄 경우 출판 담당자에게 좋은 인식을 주기 용이하다. 일반적으로 우리가 아는 작가들이 진행하는 방식이며 보통 출판이라 하면 이러한 기획출판을 얘기하는 경우가 많다. 비용적인 문제가 거의 없고 출판사의 전문적인 서포트를 받을 확률이 높기 때문에, 책을 처음 내는 사람일지라도 자가 출판이나 전자출판의 경우 손쉽게 시작할 수 있다.

대형 출판사로 알려지는 곳들과 계약이 진행될 경우, 상황에 따라 파격적인 마케팅 지원이 이루어지기도 하는데 당연한 말이겠지만 이런 경우가 많지는 않다. 처음 책을 내는 사람이라면 자신의 원고나 브랜드 가치를 잘 알아주는 출판사와 일을 진행하는 게 효과적이다. 물론 많은 기대효과가 있는 만큼 진행이 수월하지는 않은 편이다. 내 고객들 중에서도 기획출판을 수 개월간 진행하려다 시간만 보내고 결국 자가 출판만 하는 경우도 상당수 존재했다.

개인브랜드 관점에서 바라보는 출판은 세 가지로 나뉜다. 언급했다시피, 책을 쓰는 것이 나의 브랜드를 만드는 데 전부가 아님을 인지하고 하나의 도구로써 자신에게 맞는 출판 방식을 진행한다면 출판은 아직도 확실하면서 필수적으로 진행해야 하는 강력한 도구 중 하나이다.

유튜브 운영하기

4

바야흐로 유튜브 시대이다. 남녀노소 가릴 것 없이 대부분의 사람들이 유튜브를 이용한다. 과거 네이버 등의 포털을 이용해 텍스트 중심의 정보를 받아들였던 사람들은 이제 좀 더 생동감 있고 능동적인 영상 콘텐츠 등을 이용해 다양한 지식과 정보를 제공 받는다. 근래 가장 눈에 띄는 현상은 중, 장년층의 유튜브 이용 빈도가 눈에 띄게 증가하고 있다는 것이다. 젊은 사람들의 전유물로만 여겨졌던 온라인 콘텐츠는 유튜브를 중심으로 더욱 넓은 연령층에게 영향을 주는 시대가 됐다.

유튜브 채널 운영의 핵심은 크게 세 가지로 나뉜다. 첫 번째 구독자, 두 번째 조회수, 세 번째 시청 지속 시간 등이다. 먼저 구독자는 채널 내의 영향력을 의미한다. 많은 사람들이 구독하는 채널은 사람들로 하여금 믿고 보는 채널이라는 인식을 심어주기 때문에 같은 얘기를 하더라도 구독자가 많은 채널 운영자가 하는 얘기들이 시장에서 훨씬 더 높은 신뢰도를 지닌다.

이는 곧 개인이 가지고 있는 브랜드 영향력의 증대로 이어진다. 만약 당신이 만들어낸 브랜드 아이덴티티를 중심으로 채널을 기획하고 당신이 소유한 전문성이나 경쟁력을 발휘하여 몇만 또는 몇십만 이상의 구독자들을 확보한다면 이것은 해당 시장에서 당신이라는 브랜드가 성장하는 데 장기적으로 효과를 가져다줄 것이다.

특히 뉴미디어 시대로 일컬어지는 현재의 1인 미디어 시장에서 가장 뜨거운 플랫폼으로 자리매김한 유튜브는 과거 일부 사람들의 전유물로만 여겨졌던 미디어를 활용한 브랜드 시장에서 강력한 대체 수단으로 떠올랐다. 구독자 수는 새로운 미디어 시장에서 가질 수 있는 영향력을 나타내기 때문에 유튜브라는 도구를 활용하는 사람이라면 어떻게 최대한 많은 구독자들을 자신의 채널로 유입시킬 것인가에 대한 고민이 필요할 것이다. 구독자를 늘리려면 다음과 같은 세 가지를 이용자들에게 제공할 수 있어야 한다. 첫 번째가 지식, 두 번째가 정보, 세 번째가 공감대이다.

당신이 채널을 기획하고 콘텐츠 주제를 선정할 때 내 채널에 유입되는 사람들에게 위 세 가지 중 어떤 것을 제공할 것인가에 대한 고려가 반드시 이루어져야만 한다. 나만이 알고 있는 지식이나 정보를 전달할 것인지, 만약 그것이 어렵다면 어떤 공감대를 불러일으킬 것인지, 그리고 그런 것들이 내가 만들고자 하는 브랜드 이미지와 연결이 되는지, 차후 내가 활동하는 영역에 있어서 어떤 부분의 기회를 창출해낼 것인지 등을 최종적으로 고려하여 주제를 선정하는 것을 추천한다.

유튜브는 각 구독자의 구간별로 노출도의 프리미엄을 실어준다. 보통 채널을 개선한 뒤, 첫 번째로 올리는 영상에는 다른 영상들보다 높은 노출도를 제공한다. 그렇기에 시장에 진입하는 첫 번째 영상의 내용이 매우 중요하다. 처음 유튜브를 하는 사람들이 가장 큰 실수를 하는 부분이 자신의 눈높이로만 콘텐츠 주제를 결정한다는 것인데 많은 구독자를 확보하고 싶은 사람이라면 철저하게 보는 사람의 눈높이에 맞춰 콘텐츠의 주제 및 내용을 선정해야 할 것이다.

한 조사 결과에 따르면 국내 유튜브 이용자의 평균 채널 구독수는 9.5개라고 한다. 그냥 보면 굉장히 널널한 수치 같지만, 시간이 지날수록 유튜브 시장에 쏟아지는 유튜버들의 숫자를 감안한다면, 채널을 구독함에 있어 생각보다 높은 경쟁력을 갖춰야 함을 알 수 있다. 내가 제작하는 콘텐츠의 내용이 최대한 희소가치를 띨수록, 많은 사람들이 관심을 가질 수 있는 주제일수록, 그리고 그것을 콘텐츠 수용자 중심으로 연출할수록 당신 채널의 구독자 수는 증가하게 될 것이다. 여기서 유의할 점은 브랜드 영향력이 낮은 사람이 처음부터 브이로그를 통해 유튜브 시장에 진입한다면 필패하리라는 것이다.

현재는 관련 교육사업을 하고 있는 입장에서 말하지만, 당신이 누군지도 모르는 사람에게 단지 당신의 일상을 공유하여 많은 구독자를 확보한다는 것은 불가능에 가까운 일이라는 것을 명심하길 바란다. 예를 들어, 생전 처음 만나는 사람이 내 일상에 대해 궁금해하지 않아 하는 것처럼, 단순히 당신의 일상이 궁금하여 채널을 구독하는 사람은 많지 않을 것이다. 가급적 앞서 언급한 대로, 콘텐츠의 주제를 정할 때는, 보다 직관적으로 보는 사람들에게 지식, 정보, 공감대 중 어떤 것을 제공할 것인지 명확하게 선정한 뒤 이에 맞는 콘텐츠를 구성할 것을 추천한다.

다음으로는 조회수이다. 채널 영향력의 지표를 나타내는 구독자와 달리 유튜브 내에서 조회수의 의미는 광고비와 직결되는 요소이다. 물론 소통을 목적으로 취미생활하듯 영상을 업로드하는 사람들은 크게 관계없다고 볼 수 있지만, 개인브랜드 영향력을 높이거나 강화하고자 하는 사람들 등이라면 지속적인 활동이 전제되어야 하기 때문에 일정의 수익을 창출하는 것은 의미 있는 일이라 하겠다.

유튜브 활동을 통해 수익을 창출해내려면 구독자 1,000명, 시청시간 4,000시간이라는 기본 미션을 달성한 뒤 유튜브로부터 수익 창출 승인을 받아 구글 애드센스를 연동시켜야 한다. 흔히 말해 영상을 시작하기 전에 나오는 5초 광고 영상이나 영상 중간중간에 나오는 광고 솔루션을 두고 얘기하는 것인데, 채널 운영을 적극적으로 하다 보면 생각보다 꽤 높은 수익을 창출해내는 것도 가능해진다.

일반적으로 조회수 1당 1원에서 1.5원 정도를 번다고 알려져 있는데, 애드센스의 통화 기준은 원화가 아닌 달러이므로, 당시의 환율로 내 영상을 재생하는 국가 한 영상에서 재생되는 광고의 개수 등의 영향을 받아 '조회수 1당 얼마씩 번다'라는 정확한 평균치를 내기는 어렵다. 또한, 수익을 제외하더라도 높은 조회를 기록하는 영상을 중심으로 구독자 수가 눈에 띄게 증가하기 때문에 단순히 채널을 만들고 영상을 제작하는 것에 의미를 두기보다는 매력적인 영상을 만들어 많은 사람들이 즐겨볼 수 있는 콘텐츠를 제작하는 것이 바람직할 것이다.

매력적인 영상을 만드는 데에는 다양한 요소가 존재한다. 구독자 부분에서 언급했던 것처럼 당신이라는 브랜드나 캐릭터가 잘 녹아들어야 기본이고, 어떤 화면을 구성할지, 어떤 주제를 어떻게 연출할지, 어떤 트렌드에 맞게 주제를 선정해야 할지 등이 종합적으로 고려되어야 한다. 특히 내가 만든 콘텐츠에 대한 초기 단계의 흥미를 어떻게 유발시킬지에 대한 방법론이 있어야 한다. 흔히 이를 해결하기 위한 방법으로 섬네일과 제목 카피라이팅에 힘을 쏟는 편인데 이런 것들이 처음으로 내 영상을 접하는 사람들에게 호기심을 자극하여 수많은 영상들 중 내 영상을 우선적으로 클릭하게 만들 수 있다면 절반의 성공을 거둔셈이 되겠다.

하지만 유의해야 할 것은 단순히 조회수만을 생각하여 자극적인 제목만을 선호한다던지, 선정적인 섬네일만을 추구한다면 이용자들에게 반감을 불러일으킬 수 있음을 명심해야 한다. 단순히 조회수만 의식하여 영상의 내용과 맞지도 않는 카피라이팅을 제작하여 관심 끌려 한다면 이는 유튜브 운영 규정에도 어긋나는 일이 될 수 있기 때문에, 롱런하는 채널 운영을 생각하고 있다면 이런 부분들 또한 지양해야 할 요소들이다.

마지막으로 시청 지속 시간에 대해 설명하겠다. 시청 지속 시간은 말 그대로 내가 만든 영상을 클릭한 사람이 얼마나 오랜 기간 내 영상을 볼 것인가에 대한 지표이다. 시청 지속 시간은 앞서 말한 구독자 수와 조회수 증가에 가장 결정적인 요인으로 작용하는데 이는 유튜브라는 플랫폼에 특성과 연결지어 생각해볼 수 있다. 유튜브는 콘텐츠 플랫폼으로써 주 수입원이 대부분 광고수익인 플랫폼이다. 그러려면 최대한 많은 사람들이 지속적이면서도 다양한 콘텐츠를 공급하게 만들어야 하며 이 콘텐츠의 질이 높아져 보다 많은 유저들을 확보하는 것이 비즈니스의 핵심이 된다.

유입되는 사람들을 꾸준히 증가시켜 이용자 숫자를 늘리려면, 그들이 제공받는 콘텐츠의 내용이나 퀄리티 등이 중요해진다. 그렇기 때문에, 유튜브에서도 사람들이 오랜 기간 보는 영상 콘텐츠를 노출시켜준다. 유튜브 내에는 추천 동영상이라는 시스템이 있다. 시청 지속 시간이 높을수록 추천 동영상에 걸릴 확률이 높아지고 그럴 경우, 조회수는 폭발적으로 증가한다.

마찬가지로 조회수가 증가함에 따라 구독자 수도 증가하기 때문에 채널이 급속도 성장하게 되는 선순환 구조에 걸리게 되는 것이다. 다시 한번 강조하지만, 시청 지속 시간은 유튜브 채널 운영의 핵심이 된다. 이를 높이려면 시청자들의 영상 체류 시간을 길게 만들어줄 몇몇 장치들이 필요하다. 그중 스토리텔링 기법을 활용한 영상들은 당연히 높은 시청 지속 시간을 만들어낼 수 있다. 콘텐츠에서 스토리텔링은 가장 확실하면서도 강력한 수단이다.

발단, 절정, 위기, 결말에 따라 전체적인 내용을 구성한 후 자신의 경험담을 바탕으로 내용을 풀어낸다면 매우 정돈된 형태의 콘텐츠를 만들어낼 수 있으며, 이를 풀어내는 크리에이터 본인이 리액션, 음성, 말투, 화면효과, BGM 등의 요소들을 고려하여 독창적이면서도 대중적인 콘텐츠를 만들어낼 수 있다면 이는 유저들의 영상 체류 시간을 늘리는 데 큰 도움이 될 것이다.

물론 유튜브는 '1+1'이라는 수학의 공식처럼 정확한 정답이 있는 플랫폼이 아니다. 확실한 것은 유튜브 시장 자체가, 보다 세분화, 전문화되고 있다는 사실이며 앞으로 더욱 이용자가 늘어날 가능성이 높은 플랫폼이기 때문에 단순히 SNS의 한 장르로써 접근할 것이 아니라 조금 더 전문적인 접근이 필요로 한다는 것을 명심하길 바란다.

칼럼니스트 활동하기 5

칼럼니스트는 특정 분야의 전문지식을 가진 사람이 어떤 현상이나 사건에 대해 평론을 펼치는 역할을 한다. 즉, 평론을 펼치는 역할이기에 칼럼니스트 활동을 한다는 것은 기본적으로 특정 분야의 전문가임을 담보한다. 칼럼니스트 활동을 하는 방법은 크게 두 가지로 나뉜다. 하나는 블로그 등 글을 쓸 수 있는 오픈 플랫폼에 꾸준하게 글을 게재하는 방법이며, 또 하나는 신문사 등 공신력 있는 매체 플랫폼을 통해 자신의 글을 투고하는 방식이다.

전자의 경우 진입 장벽이 낮고, 편집 등의 문제에 있어 내가 원하는 대로 조정을 할 수 있다는 장점이 있다. 하지만 칼럼니스트는 전문성을 담보로 해야 하기에, 누구나 글을 남길 수 있는 블로그에 칼럼을 올린다는 것은 많은 대중들이 내 칼럼을 정기적으로 구독해야만 하는 필수조건이 필요하다. 아무래도 오랜 시간이 걸릴 수 있으며, 이러한 이유로 블로그를 활용한 칼럼니스트 활동의 경우 중간에 그만둬버리고 흐지부지되는 일들이 비일비재하다.

만약 당신이 블로그 등을 통해 칼럼니스트 활동을 하고자 한다면 공신력 있는 스펙의 확보가 필수적이며 매우 주기적이면서도 반복적으로 콘텐츠를 발행해야 할 것이다. 특히 좋은 내용은 기본이고, 최대한 많은 이들에게 노출되어야 하기에 온라인 마케팅에서 다뤄지는 키워드 상위 노출 방법을 연구하려는 노력 또한 필요할 것이다. 또한, 디자인 등의 요소도 고려해야 하는데, 블로그의 경우 스킨 등의 자신의 프로필을 올리고 간단한 양력 등을 넣어주는 것이 효과적이다.

보통의 경우 출판을 먼저 진행한 뒤 작가라는 타이틀을 등에 업은 채로 칼럼니스트 활동을 시작하는데, 필수적인 것은 아니지만 이런 식으로 해당 시장에서의 공신력을 높일 수 있는 서브 콘텐츠 발행도 고려해야 한다. 예를 들어 유튜브를 통해 설득력 있는 인상을 남기고 채널에 유입되는 사람들에게 추가로 자신이 운영 중인 칼럼니스트 페이지를 노출한다든지, 페이스북 페이지를 운영하여 많은 팔로워를 확보한 뒤 자신의 칼럼 페이지를 홍보하는 등의 전략처럼 블로그를 이용한 칼럼니스트 활동은 타 플랫폼의 서브 콘텐츠 발행을 통해 공신력을 강화시키는 전략을 추구해야 한다.

요약하자면 칼럼니스트 활동은 해당 분야의 전문가 이미지를 담보하기 때문에, 항상 어떤 식으로 활동해야 높은 공신력을 획득할 수 있을지에 대한 고민이 최우선되어야 한다는 뜻이다.

다음으로는 매체 플랫폼을 활용한 칼럼니스트 활동이다. 블로그 등 개인 플랫폼을 활용한 칼럼니스트 활동에 비해 애초부터 매체사의 공신력을 등에 업고 활동할 수 있다는 장점이 있으며, 칼럼을 기고하게 되는 매체사의 공신력 정도에 따라 내 공신력 또한 좌우되는 특징을 보인다. 예를 들어, 이름만 들어도 알 만한 매체사의 칼럼니스트 활동을 하게 될 경우, 당신의 브랜드 파워가 상대적으로 미약하더라도, 매체사의 브랜드 가치로 인해 당신의 브랜드 가치가 함께 증가하는 구조이다.

이런 장점들이 있기에 누구나 공신력 있는 매체의 칼럼니스트 활동을 선호한다. 문제는 이름값 높은 매체일수록 더욱 까다롭게 칼럼니스트 활동 자격을 부여한다는 점이다. 만약 당신이 블로그나 유튜브 등 개인 플랫폼을 이용한 칼럼 활동을 꾸준히 했었고, 이를 뒷받침할 스펙이나 포트폴리오를 구축한 상태라고 한다면 진입하는 것이 훨씬 수월하겠지만, 아무것도 없는 상태에서 매체의 칼럼니스트 활동을 꿈꾸고 있다면 관계자와의 인맥을 제외하고선 달리 방법이 없다. 특히 굳이 매체사의 이름값을 떠나 포털과 제휴되어 기사를 송출할 수 있는 매체라고 한다면 일단 눈높이가 낮지 않을 것이라는 전제를 깔고 접근하는 것이 좋다.

기본적으로 칼럼니스트 선정은 크게 두 가지로 나뉜다. 하나는 담당자의 이메일을 통한 직접 지원 방식이 있고, 다른 하나는 매체사의 상황에 따라 공개모집을 하는 경우가 있다. 이런 정보를 찾는 방법은 포털의 '칼럼니스트 모집'이라든지 '칼럼니스트 선발'이라는 키워드를 검색하여 얻을 수 있다.

물론 수많은 사람들이 자신의 전문성을 증명하기 위해 칼럼니스트 활동을 선호하기 때문에 당신의 브랜드 파워가 강하지 않은 이상, 보통 매체사 쪽이 갑, 칼럼니스트 쪽이 을인 경우가 많다. 조언을 하자면, 앞서 언급한 것처럼 개인 플랫폼 운영을 통해 많은 팔로워나 구독자 등을 보유하고 있는 경우, 역사가 얼마 되지 않는 신생 매체들에선 그 값어치를 상당히 높게 평가하는 편이기 때문에 이런 부분들을 충분히 고려하여 협상에 임하길 바란다.

보통 지원하여 칼럼니스트가 되는 경우 일정 비용을 매체사에 지불하거나, 일정 기간 동안 발행할 수 있는 분량이 정해져 있는 편인데, 당신의 개인 플랫폼이 튼튼한 상황에서 이런 협상에 돌입하게 될 경우 오히려 소정의 비용을 받으면서 활동을 하는 것도 가능하다.

여기서 기억해야 할 점은 '일단 두드려보라'는 것이다. 어떤 회사도 자신들의 내부 상황을 외부에 공개하는 것을 꺼려한다. 모든 일은 어차피 사람이 하는 일이기 때문에, 앞서 조언했던 당신이 가진 무기가 그들의 밝혀지지 않은 문제점을 해결하는 데 도움을 줄 수 있다고 한다면, 이해관계로써 칼럼니스트 활동을 하게 되는 경우도 생길 것이다. 하지만 복권도 긁어야 당첨이 되듯이 직접 컨택하지 않는 이상 상대 매체사가 무엇을 필요로 하는지 알 수 없기 때문에, 최대한 많은 담당자를 만나 대화를 나누는 것이 당신의 커리어에 칼럼니스트 활동을 추가하는 데 있어 큰 도움을 줄 것이다.

만약 당신이 칼럼니스트 입성에 성공하여 기고를 시작하게 된다면 장담컨대 당신의 브랜드 공신력을 높이는 데 이보다 더 효과적인 방법은 많지 않을 것이다. 사람들에게 내 생각과 어필하고자 하는 이미지를 노출시켜 인지도를 높일 수 있으며, 이와 더불어 다른 이들과는 차별화된 업계에서의 전문성을 획득할 수 있다. 이를 통해 강연 활동, 저술 활동 및 각종 토론 프로그램에 패널 활동을 할 수 있는 기회도 제공받을 수 있다.

만약 글을 쓰는데 특출한 재능이 있다면 칼럼니스트 활동에 대해 진지하게 고민해보길 바란다.

단체 설립하기

6

단체 설립은 마케팅의 개념보다는 인적 네트워크 확보와 커뮤니티 활동을 원활하게 만들어주는 활동이다. 이미 만들어져 있는 단체에 들어가서 활동을 하는 것도 나쁘지 않지만, 기왕이면 지속 가능한 활동을 유지하기 위해 직접 설립할 것을 추천한다. 물론 이 경우 단순히 개인적인 목표를 이유로 단체 설립을 하는 것은 옳지 않다.

내가 좋아하거나 잘할 수 있는 분야에서 사회적 기여를 높이겠다는 생각으로 출발해야 한다. 단체를 운영한다는 것은 매우 많은 사람들간의 이해관계를 조정한다든지 그에 따른 비용 및 시간 투자가 필수적이기 때문에 단지 개인의 이익을 위해 단체를 설립하고자 한다면 얻는 것보다 잃게 되는 것이 훨씬 많다는 것을 명심해야 한다.

단체는 크게 비영리단체, 사단법인, 재단법인, 비영리민간단체 등으로 구분할 수 있으며 각 단체 설립 방법은 자격요건이나 활동 내용에 따라 달라질 수 있기에, 행정사 등 전문가의 조언을 참고하여 설립하는 것을 추천한다. 여기서 주의해야 할 점은 설립이 목적이 아니고 활동이 주체가 되어야 한다는 점이다.

만약 당신이 단순히 보여지는 대외타이틀을 위해 그럴싸한 단체의 이름을 짓고 설립만 한 상태로 방치한다면 오히려 부작용을 낳을 수 있다. 그렇기 때문에, 반드시 어떤 활동을 해나갈 것인지 명확히 한 후 실천에 옮겨야 한다.

단체의 주제나 목적 활동을 선정할 때는, 자신이 가지고 있는 브랜드 아이덴티티, 그리고 향후 활동 계획 등을 고려하여 단체 활동을 할수록 해당 분야에서 내 브랜드 가치를 상승시킬 수 있을지에 대해 고려해야 한다. 그리고 그것이 사회 공익적 활동과 이어질 수 있는지도 검토해야 할 대상이다. 단체를 설립하여 활동하게 되면 당신의 브랜드 가치 상승에도 다양한 이점을 가져다준다.

특히, 특정 이해관계를 놓고 교류하게 되는 비즈니스적 인적 네트워크와는 달리, 상호 간의 이익보다는 사회 전체의 이익을 위해 공동의 목표를 수행하고자 만난 사람들끼리의 관계가 형성되므로 다양한 분야에 사람들과 매우 돈독한 관계를 만들어낼 수 있다.

말했다시피, 개인브랜드 활동에서 넓은 인적 네트워크는 다양한 기회를 제공받아 당신의 브랜드 가치를 상승시켜주는 수많은 기회를 제공한다. 이런 것들은 절대 돈으로 살 수 없다. 사업과 마찬가지로 단체를 제대로 운영하려면 각기 다른 역할을 가진 최소 3명 이상의 사람이 필요하다. 한 명은 디렉터로서 단체 운영과 관련된 비즈니스 구조와 다양한 인적 인프라를 구성해야 하며, 다른 한 명은 마케터로서 단체의 목적 활동 구체화와 이를 실현시키고 홍보할 수 있는 능력을 갖춰야 한다.

그리고 마지막으로 디자이너가 필요한데, 여기서 말하는 디자이너란 흔히 생각하는 시각효과를 만들어내는 디자인이 아니고 디렉터나 마케터의 역할을 조금 더 부드럽고 시장 친화적으로 만들어줄 섬세한 감각의 소유자를 얘기한다.

튼튼한 단체 운영을 지속적으로 유지해 나가게 되면, 그로 인해 생겨난 사회적 기여도는 당신의 브랜드 가치에 투영되어 보다 높은 개인브랜드 영향력을 만들어낼 것이다. 즉, 단체의 권위가 올라갈수록 당신의 사회적 권위도 함께 올라간다는 논리인데 초창기 단체 설립에 있어 가장 중요한 요소는 뚜렷한 목적을 지닌 목적 활동 개발과 여기에 참여하는 사회 인사들의 네임밸류이다.

조금 더 쉽게 풀이하자면 당신이 설립한 단체가 어떤 목표를 띄고 활동을 이어나갈 것이며 이 뜻에 동참하는 유명 인사들의 참여가 높을수록 단체의 공신력도 높아진다는 얘기이다. 인터넷 기자 활동을 오랜 기간 해오면서 확실하게 느낀 점 하나를 말하자면, 초기에 브랜드 가치가 높은 사람 한 명만 제대로 내 뜻에 동참해줘도 그보다 브랜드 가치가 낮아 보이는 사람들의 참여는 쉽게 이끌어낼 수 있다는 점이다.

잡지나 대중문화 공연 포스터 등을 눈여겨보면 인지도나 브랜드 영향력 높은 사람 한두 명이 간판 역할을 하고, 그 뒤로는 다소 브랜드 영향력이 낮은 사람들이 참여하는 역삼각형 구조를 확인할 수 있는데, 이는 잘나가는 사람과 같은 자리에 참여하게 될 경우 자신도 그 정도 위치에 올라가는 것처럼 보이는 일종의 후광효과로 인한 것이다.

사람이 모이는 곳은 언제나 이런 후광효과가 존재한다. 단체 활동의 경우 어느 분야의 누가 함께 참여하게 되는지에 따라 사람 모이는 속도가 다르다는 것을 반드시 기억하길 바란다. 그러려면 당신이 만든 단체가 명확하게 사회 공익적 가치를 위한 모임임을 명확하게 드러내야 한다.

처음에 얘기했던 것처럼 개인의 마케팅 수단으로만 단체를 이용하고자 한다면 이런 유명 인사들의 참여가 일어날 수 없기에, 반드시 옳은 목적과 이것을 실천하고자 하는 의지를 실현할 수 있는 능력을 갖춘 뒤 단체 설립을 진행하길 바란다.

방송 출연하기

7

대중매체의 꽃은 방송이다. 유튜브가 등장하기 전, 방송 매체들은 미디어 시장에서 절대적인 영향력을 발휘했다. 과거에 비해 그 영향력이 다소 줄어들었다고는 하나 아직까지도 개인의 브랜드 영향력을 높이는 것은 방송 매체 출연만큼 확실한 것은 없다. 하지만 칼럼니스트와 마찬가지로 방송에 출연하는 것이 아무에게나 허용되는 일은 아닐 것이다. 방송 출연은 인물의 높은 신뢰도를 바탕으로 하기에, 그만큼 까다로운 인증 절차가 존재한다.

하지만 그렇다고 방법이 아예 없는 것은 아니다. 과거와 달리 종합방송 채널, 케이블 TV, 심지어 IP 방송 등의 개념까지 생겨난 상태이기 때문에 과거보단 높은 운신의 폭이 생겨났다. 특히 PPL 시장이 확대됨에 따라 방송가에는 다양한 브랜디드 프로그램이 만들어졌다. 브랜디드 프로그램은 보통 방송국 본사가 아닌 외주

제작사 측에서 제작 및 캐스팅 권한을 가지고 있는데, 이로 인해 일정 광고비를 방송에 협찬하는 조건으로 직접 출연하는 것도 가능해졌다.

물론 이 경우에도 일정 수준 이상의 인물 검증이 요구되나, 제작 권한 대부분이 외주 제작사 측에 있기 때문에 심의 규정만 잘 지켜진다면 출연이 용이한 편이다. 이는 모든 방송 프로그램에서 통용되는 이야기는 아니며, 방송이라는 매체 특성상 매우 폐쇄적인 형태로 협찬이 진행되기 때문에 필수적으로 다양한 인적 네트워크를 통해 정보를 얻는 것이 바람직하다. 단순히 검색을 통해 협찬 방송을 진행하게 될 경우, 유통 구조로 인해 생겨나는 중간 마진이 업자에게 발생되기 때문에 많게는 수천만 원까지 불필요한 비용을 투자하게 되는 경우가 발생이 된다.

따라서 다양한 라인과의 접촉을 통해 협찬 형태나 비용을 비교해본 후 진행하는 것을 추천한다. 만약 이런 광고비 지출이 불필요하다고 생각되는 경우 실제로 방송 출연에 섭외되는 경우를 고려해야 한다. 나가고자 하는 사람은 많고, 출연할 수 있는 프로그램은 매우 제한적인 상황이라 자신이 의도한 대로 광고비 투자한 푼 없이 원하는 방송에 출연한다는 것은 엄청난 노력을 필요로 한다.

물론 방법이 아예 없는 것은 아니다. 인터넷을 검색하면 각 방송마다 시청자 게시판을 운영하고 있는데 이곳에 자신의 사연이나 내용 등을 담아 섭외 요청글을 꾸준히 게시하거나 인적 네트워크를 통해 방송가에서 오랜 기간 활동한 작가진들과 접촉이 가능하다면 이들을 통해 방송 출연의 기회를 얻는 경우도 생겨난다.

바야흐로 유튜브 시대로 불릴 만큼 미디어 시장에 많은 변화가 일어난 상태이기 때문에, 과거에 비해 방송 출연 파급력이 엄청나진 않다. 물론 대중적인 관심을 받는 프로그램이나 누구나 즐겨 보는 맛집 방송 등에서 맛집으로 소개되는 경우는 다르겠지만, 한두 번의 방송 출연으로 엄청난 브랜드 인지도 상승을 기대하는 것은 어려운 일이다. 어디까지나 방송 출연은 당신의 브랜드 신뢰도를 높이고 이를 검증하기 위한 수단으로써 활용해야 한다. 방송에 나오는 모습을 스크린샷으로 찍어 온라인 콘텐츠로 활용한다든지, 자신의 약력에 추가하여 이를 제안서나 소개서 등에 활용하는 등 추가적인 마케팅 전략이 필요할 것이다.

또한, 단지 방송에 나가는 데에 의미를 두지 말고, 나가는 방송의 성격, 그 안에서 하게 되는 발언, 전체적인 방향성이 자신의 브랜드 이미지 등과 결합했을 때 어떤 시너지를 창출해낼 수 있는지를 고려하길 바란다. 섭외 출연이 아닌 경우 막대한 지출이 뒤따르는 형태이기에 매우 확실하지만, 그만큼의 심도 깊은 검토가 필요하다는 것을 명심하길 바란다.

포털 인물 등록 실전 비법 8

평소 가장 많은 문의를 받는 질문 중 하나가 네이버에 인물 등록하는 법을 알려달라는 것이다. 여기서 말하지만, 포털에 인물 등록이 될 수 있도록 100% 보장해줄 경우 1억 원을 투자하겠다는 제안도 받은 적이 있다. 물론, 보장할 수 없는 얘기기에 단칼에 거절했지만 이런 사례만 보더라도 사람들 사이에서 포털에 인물 등록이 된다는 사실이 얼마나 큰 의미를 지니는지 알 수 있는 대목이다.

그렇다면 사람들이 이렇게 인물 등록에 관심을 갖는 것일까? 이유는 바로 '공신력' 때문이다. 민간기업이긴 하지만 네이버는 전 국민의 80% 이상이 사용하는 절대적 포털사이트이다. '인터넷 = 네이버'라는 말이 있을 만큼 대한민국 온라인 문화에서 네이버라는 기업이 차지하는 영향력은 절대적이다.

대한민국을 대표하는 포털사이트에 내 이름을 검색했을 때 내 정보가 별도로 표기된다는 사실은 단지 정보 노출의 의미를 떠나 '공인'으로서의 프리미엄을 가지게 되는 의미와 연결된다. 그렇다면 '공인'은 무엇일까? 사전적 정의를 보자면 국가나 공공단체 또는 사회단체 등이 어느 행위나 물건에 대하여 인정하는 것을 뜻한다. 요약하자면 네이버에 인물 검색이 된다는 사실은 곧 사회적으로 인정받았다는 뜻과 상통하는 것이다.

그렇다면 왜 굳이 '공인'이 되려 하는 걸까? 그것은 자신이라는 브랜드를 조금 더 신뢰할 수 있도록 만드는 데 목적이 있다. 굳게 믿고 의지한다는 뜻의 '신뢰'는 만나는 모든 사람, 일에 영향을 주게 되어있다.

자본주의 사회에서 '신뢰'는 곧 '돈'과 연결된다. 풀어서 얘기하자면 네이버에 인물 등록이 되었다는 사실은 공인으로서 인정받는다는 사실이고, 이는 신뢰할 수 있는 사람이라는 의미를 지닌다. 사람들에게 '믿을 수 있는 사람'이라는 인식이 심어지면 어떤 일을 하더라도 좀 더 쉽게 '돈'을 벌 수 있게 되는 구조인 것이다.

실제로 신뢰도의 크기가 곧 브랜드 파워로 직결되는 엔터테인먼트 시장 같은 경우 네이버에 인물 등록이 되었느냐 되지 않았느냐에 따라 2배 이상의 개런티 차이가 나기도 한다. 가수의 경우 누가 더 노래를 잘하고 매너가 좋으냐의 문제를 떠나, 포털에 나오느냐 안 나오느냐가 해당 가수의 몸값을 좌지우지할 만큼 중요한 요소라는 얘기다.

의외로 모르는 사람이 많지만, 네이버 인물 등록은 무료 서비스이다. 등록 시에도 돈이 들지 않음은 물론이고, 등록이 결정됐다 하더라도 어떤 비용도 청구되지 않는다. 하지만 아이러니하게도 이런 이유로 진입 장벽이 매우 높다.

현재 네이버 인물 등록은 외부 기관에 서비스를 검사받아 운영된다. 2013년 10월 한국인터넷자율정책기구KISO에 의뢰하여 같은 해 11월 28일 인물정보 검증 및 자문위원회가 발족됐다. 네이버 등 포털의 사회적 영향력이 증대됨에 따라 그 기준이 꾸준하게 까다로워지고 있는 추세인데, 과거에는 책 한 권만 발행한 뒤 바로 작가로 등록이 되었던 것과는 다르게, 현재는 책을 여러 권 내더라도 일정 기준치 이상을 달성하지 못할 경우 몇 번이고 반려당한다.

나 또한 2015년도 7전 8기의 도전 끝에 인물 등록에 성공했다. 그 효과는 어땠을까? 사람을 만나는 자리에서 포털에 나오느냐 나오지 않느냐의 차이로 인해 거래가 성사되느냐 안 되느냐가 결정될 정도이다. 결론부터 얘기하자면 난 개인적으로 포털 인물 등록에 성공한 후 몸값이 5배 이상 뛰었다. 같은 강연이라도 과거 10만 원, 15만 원에 진행하던 것과는 달리 지금은 150만 원씩 불러도 충분히 섭외가 진행될 정도이다.

물론, 네이버 인물 등록만이 모든 것을 결정하는 것은 아니겠지만 방점을 찍는 느낌은 확실히 있다. 내가 곧 상품이 돼야 하는 개인브랜드 시장에서 포털 인물 등록은 그만큼 중요한 요소라는 것을 알려주고 싶다.

자, 그럼 지금부터 이토록 중요한 네이버 인물 등록을 성공시키기 위해 꼭 알아야 하는 기준부터 알아보자 일단, 과거와 달리 2022년 기준 상당 부분 세분화된 측면이 있기에 포털사이트 네이버에 '네이버 인물 등록 기준'이라고 검색을 해보길 바란다. 링크를 클릭해보면 상당히 세부적으로 정리된 것을 확인할 수 있을 것이다.

여기서 중요한 점은 화면에 표기된 기준이 충족될 시에 무조건 등록되는 것이 아니라 기본 조건이라는 것이다

1. 정/관계: 국회의원 및 지방의회의원
   광역 및 지자체 단체장
   정당 고위간부 등 → 정당인으로 표기
   공무원(4급 서기관급 이상)
2. 학계: 전국 4년제 대학 조교수 이상, 전국 2년제 대학 부교수 이상
3. 재계: 국영/민영 기업인, 벤처기업인, 금융인(임원급 이상)
4. 법조계: 변호사, 판사, 검사
5. 군인: 육군, 해군, 공군(영관급 장교)
6. 언론계: 기자직(차장급 이상), 비 기자직(부장급 이상)
7. 문화예술계: 문화예술계 종사자로서 수상경력 및 저명 대표작품이 있는 인물

8. 연예계: 탤런트, 영화배우, 가수, 개그맨 등 각종 연예계 종사자(경력정보 필수)
9. 의료인: 전국 종합병원 전문의(과장 이상)
10. 기타: 각계 사회기관단체장 및 기타 전문직업인

이렇게 정리할 수 있겠다. 여기서 중요한 점은 위의 기준이 충족될 시에 등록되는 것이 아니라 위의 기준 충족이 기본이라는 것이다. 기본적으로 저 정도 위치에는 올라간 뒤 그 이후 검색 추이와 정보의 공식출처, 각종 관련 보도자료 등 전반적인 검색 결과 등을 종합적으로 고려하여 등록 여부가 결정된다.

인물 등록은 직군별로 등록의 기준이 다르기에 같은 상황이더라도 어떤 업계 종사자냐에 따라 그 확률이 나뉜다. 특히 재계의 경우 기준은 벤처기업인이나 금융인 임원급 이상으로 기준이 마련되어 있지만, 그 숫자가 워낙 많기 때문에 법인 기업을 설립한다고 해서 등록이 되는 것이 아니라 법인 기업부터 검토 대상이고 그마저도 기준이 까다로워 등록되기가 매우 어렵다.

이외에도 화제의 인물 등의 등록군이 존재하기도 하는데 방송 출연 등으로 폭발적인 화제성을 가졌던 인물 등도 등록 대상에 포함이 된다. 특히 K리그 홍보대사이자 수십만 구독자를 보유한 게임 BJ 감스트 같은 경우 한 예능 프로그램에 나와 얘기했던 것처럼 인물 등록을 수없이 진행했지만 실패했다고 얘기한 적이 있다. 감스트의 경우 방송 출연 후 얼마 지나지 않아 화제의 인물로 등록에 성공했다.

이처럼 인물 등록은 인물의 대상이나 상황에 따라 성공 확률이 다르다. 특히 검색 추이 같은 경우 가장 많이 반려가 나는 사유 중 하나인데 실제로 해당 인물에 대한 검색이 이루어지는 정량적인 내용을 평가하는 것이므로 이를 달성한다는 것은 매우 어려운 일이다. 뿐만 아니라, 다소 애매모호한 부분도 존재한다. 나 같은 경우 인물 등록 시, 신청 때마다 각기 다른 내용의 메일 답변을 받았는데 이에 대한 내용을 재문의 하더라도 네이버 측은 정확한 답변을 해주지 않는다. 내부 규정이어서 자세히는 공개할 수 없다는 입장이다.

이런 내용의 실마리를 풀려면, 인물 등록이 왜 생겨났는지부터 생각해봐야 할 것이다. 네이버는 정보를 쉽게 찾을 수 있도록 만들어주는 포털이다. 인물 정보 또한 어떠한 이유에서든 찾는 사람이 있었기에 만들어진 카테고리일 것이다. 그럼 사람들이 어떤 사람들을 주로 찾아보는지 생각해봐야 한다. 특히 인물 등록 결정 과정에서 검색 추이를 반영한다는 것에 주목해야 한다. 실제로 정보를 찾아보는 사람들이 많으면 많을수록 유리하다.

이런 관점에서 보자면 네이버에서 인물 등록을 시켜주는 대상의 사람들은 바로 '많이 검색해보는 인물'이 된다. 이것은 화제의 인물이라는 기타 인물군이 존재하는 데에서도 사실을 확인할 수 있다. 많이 검색되어지는 기업인, 많이 검색되어지는 의사, 많이 검색되어지는 연예인 등이 네이버 인물 등록 기준에 충족한다는 뜻이다. 즉, 많은 사람들이 정보를 얻기 위해 찾아보는 인물은 사회적으로 인지도를 갖춘 유명인이 된다. 풀이하자면, 곧 '공인'임을 알 수 있는 대목이다.

실제로 딱 한 번 인물 등록 담당자로 보이는 사람과 통화를 한 적이 있는데 그때 당시 의미심장한 얘기를 들은 적이 있다. 그는 나에게 '공신력'이라는 단어를 사용하였다. 이런 점에서 유추해볼 때, **[네이버 인물 등록의 기준은 곧 '공신력']**이라는 확신이 선다.

공신력이란 외형적 사실을 믿고 거래한 사람을 보호하는 공적인 신용의 힘이라 불린다. 사회에서는 이 공신력의 높낮이에 따라 공인과 준공인, 일반인의 구분이 나뉜다. 네이버 또한 마찬가지이다. 인물의 공신력이 얼마나 높은지, 얼마나 높은 공신력 있는 활동을 해왔는지, 이런 정보들은 얼마나 신뢰를 가지고 있는지, 이로 인해 얼마나 많은 사람들이 그 사람을 찾아보는지에 대한 수치에 따라 인물 등록의 가부가 정해진다는 뜻이다.

그렇다면 이것을 위해 우리는 무엇을 해야 할 것인가. 공신력 있어 보이는 활동을 꾸준히 해줘야 한다는 뜻이다. 그리고 이를 꾸준하게 기사화시켜야 한다. 많은 사람들이 검색해볼 수 있도록 온라인과 오프라인 활동에서 사람들의 검색 활동을 유도해줘야 한다. 네이버에서는 명확한 '공인'을 요구한다. 공인이란 개념을 숫자나 데이터화시킬 수 없기에, 모호한 부분들이 발생되므로 검색 추이, 보도자료 등의 기준이 생겨난 것이다.

즉, 포털 인물 등록을 원하는 사람들이라면 공신력 있어 보이는, 공인만이 할 수 있는 활동 등을 기획해서 꾸준하게 만들어내고 이를 자료화시켜야 한다. 그런 것들을 만들어낼 수 있는 방법들은 이번 장에서 전부 설명했다. 사실 아무리 설명을 잘하고 싶어도 포털 인물 등록에 있어 정답은 없다. 만든 이들이 그 정답을 공개하지 않고 있고 누구 하나 정확한 답을 알고 있지도 못한다. 다만, 방향성은 잡을 수 있다. 나 같은 경우 현장에서 컨설팅 활동을 통해 여러 명의 인물을 위와 같은 방식으로 인물 등록에 성공시켰는데 사람과 상황에 따라 무엇을 해야 하는지가 천차만별이다.

하지만 이것 하나만은 기억하길 바란다. 네이버 인물 등록은 절대적으로 어렵다. 거의 안 되는 수준이다. 몇 번 하면 될 것 같다고 생각하고 있다면 큰 오산이다. 지금부터라도 당신이 하는 모든 일들이 네이버 측에 공인처럼 보일 수 있도록 만들어야 한다. **[1이슈, 1뉴스]**라는 개념을 도입하여, 한 달에 한 번 당신이 등록하고자 하는 직업군과 관련된 이슈를 만들고 이를 보도자료를 통해 뉴스화시키길 바란다. 어차피 검색 추이가 나오는 데까지는 시간이 걸릴 문제이므로 여유를 가지고 이 문제를 해결해보는 것을 추천한다.

언론 보도자료는 각종 광고대행사를 통해 일정 비용을 지급하면 내보내는 것이 가능하다. 친한 기자가 있으면 부탁하는 것도 방법이다. 확실한 것은 꾸준함이 우선되어야 한다는 것이다. 자신이 진짜 공인이 된 것처럼 생각하고 행동해야 한다. 그리고 이를 스스로 마케팅으로 연결시켜, 이름 검색 시 관련된 많은 정보들이 나오도록 만들어야 한다.

시간도 오래 걸리고 과정도 쉽지 않겠지만 결실은 무척 달콤할 것이다. 이 부분은 그냥 덮어놓고 내 이야기를 믿길 바란다. 개인 브랜드 강화를 위해 포털 인물 등록은 선택이 아니라 필수이다. 인물 등록에 성공하는 순간 당신은 자신도 모르는 사이에 사회적 공인 위치에 올라선다. 내가 알려준 내용들을 토대로 꼭 도전해보길 바란다.

당신이 '이런 모습'이 됐다면 성공한 브랜드가 된 것이다.

먼저 자신이 생각하는 성공의 모습을 구체화시키기 바란다. 나 또한 이 책에서 사회적 성공(부와 명예)을 중심으로 퍼스널 브랜드를 풀어내었지만, 사실 사람마다 성장해온 환경이 다르고, 경험치도 달라서 당신 삶의 '성공'이란 모습이 꼭 부와 명예가 아닐 수도 있다는 전제를 깔아야 한다. 잘 모르겠거든 그냥 끌리는 대로 규정하면 된다. 가끔은 목표에 대해 강박을 가지는 사람들이 있는데 우리의 삶이 어떻게 생각한 대로만 흘러가겠는가. 죽을 때까지 변수가 있음을 깨닫고 언제든 모든 상황에 유연함을 가지고 대처하는 것이 중요하다.

내가 '규정이라도 지으라'라고 얘기하는 것은 일단 무엇이든 시작하는 것이 중요하기 때문이다. 기준이라는 것을 만들어내고, 일단 자신의 삶에 지침으로 삼고 달려가는 것이다. 방금 말했던 것처럼 그 기준은 삶을 살면서 언제든 달라지게 되어있다. 이것을 분명히 인식하고 있다면 괜히 삶에 있어 목표 설정에 지나친 시간을 보내게 된다. 당신의 시간은 유한하다. 무엇이든 구체화시켜서 기획을 하는 것보다 흐릿하더라도 기준점을 세워놓고 실천하는 것이 퍼스널 브랜드를 성공시키기 위해 훨씬 중요한 행위이다.

자, 이제 자신만의 성공에 대한 모습이 그려졌다면 얘기한대로 그것을 달성하기 위해 무언가를 행하라. 잘 모르겠더라도 일단 뭐든 부딪혀서 관련된 것을 시작하라. 어떤 경험이든 버릴 경험이 없다는 얘기가 있다. 나부터도 우리나라 최고의 영업왕이 되고 싶다는 생각으로 시장에 뛰어들었다. 지금은 한국을 알릴 수 있는 세계적인 강연가가 되는 것이 목표이다. 그 과정에 있어 영업왕이 되기 위한 노력과 경험들이 충분한 영향을 주었다. 목표는 만들어내는 것보단 찾아내는 것에 가깝다. 이렇게 본인이 가고자 하는 길을 설정했다면 매년 자신의 커리어를 위하여 했던 일을 기록해보길 바란다.

포털에 인물 등록이 된다면 사실상 지워지지 않는 DB서버를 내 개인적으로 쓰는 것과 비슷한 개념이 되기 때문에 나 같은 경우 포털에 약력 등을 채워가며 전년도에 비해 얼마나 커리어적으로 발전했는지를 두고 브랜드 영향력의 기준을 세웠다. 또한 소득이나 재산의 정도도 중요한 척도가 될 수 있다. 자본주의에서 돈은 곧 가치이다. 만약 자신이 정한 성공의 모습을 향해 어떤 일을 행하고 그 일을 행함에 있어 해마다 만 원이라도 소득이 오르고 있다면 당신이라는 브랜드 영향력이 커지고 있다고 해석하는 것이 가능하다.

다른 하나는 자신의 스케줄을 기록하는 것이다. 당신의 브랜드가 성공가도를 달리고 있다면 당신의 캘린더는 빈틈 없이 채워지기 시작할 것이다. 또한 만나는 사람이 달라져 있을 것이다. 비즈니스를 진행하는 거래처의 공신력의 크기 또한 과거에 비해 많이 달라져 있을 것이다.

마지막으로 가장 핵심적인 척도는 당신이 하는 일에 있어 설득의 과정이 얼마나 생략되어지느냐이다. 너무너무 핵심적인 부분인데 당신의 브랜드 영향력이 커지면 커질수록 당신이 하는 어떤 얘기든 상대방의 반문이 줄어들게 되어있다. 비즈니스도 마찬가지인데, 예를 들어 컨설턴트를 찾아 온 사람이 성향을 떠나 끊임없이 당신을 테스트하는 느낌이 든다면 당신은 직업적으로 훨씬 더 높은 퍼스널 브랜드 영향력을 가질 필요가 있다는 뜻이다. 성공한 브랜드는 대부분의 설득의 과정이 생략된다.

당신이 성공한 퍼스널 브랜드를 가지게 된 순간 당신의 삶은 세상 그 어떤 이들보다 튼튼해진다. 고객을 골라서 만날 수 있고, 돈을 벌고 싶을 때 벌 수 있으며 가만있어도 수많은 기회들이 나를 중심으로 모여들 것이다. 수많은 사람들의 생각을 바꿀 수 있고 이를 통해 사회, 정치, 경제 어느 영역에서든 높은 발언권을 가지게 된다. TV로만 보던 사람들과 아무렇지 않게 식사를 하고 나보다 훨씬 많이 배운 이들과 상부상조할 수 있게 된다.

가장 중요한 것은 이를 통해 당신이 사랑하는 사람들의 삶 또한 더욱 튼튼하게 만들어줄 수 있다. 내가 근 10년간 국내 1호 개인브랜드 매니저로 활동하면서 성공한 퍼스널 브랜드가 가져다주는 삶의 가장 큰 변화는 '나'답게 살 수 있도록 만들어준다는 것이었다. 다른 말로 삶에 있어 진짜 '자유'를 획득하게 된다.

당신은 자고 싶을 때 자고, 놀고 싶을 때 놀고, 만나고 싶은 사람을 자유롭게 만날 수 있는가? 만약 아니라고 대답한다면, 당신은 아직 진짜 당신다운 삶을 살아본 적이 없는 것이다. 지금이라도 늦지 않았다. 인생 전반에 걸쳐 당신만의 성공한 퍼스널 브랜드를 만들어내고 진짜 당신이 누구인지 당신답게 사는 게 무엇인지 꼭 느껴보길 바란다. 한 번뿐인 우리의 삶은 충분히 그럴 만한 가치가 있다.

First Branding

초판 1쇄 인쇄 2022년 4월 7일
초판 2쇄 발행 2023년 1월 20일

지은이 국도형
펴낸이 떠오름

기획 손힘찬
편집 권희중, 권기우
디자인 엄혜리
마케팅 고경표, 이민지, 김하나
영업관리 박현정

펴낸곳 **주식회사 떠오름**
출판등록 제2021-000002호(2020년 4월 28일)
주소 서울특별시 서초구 강남대로 479, 비1층 122호
전화 070-4036-4586 **팩스** 02-6305-4923
홈페이지 www.risebooks.co.kr
이메일 tteoreum9@nate.com

값 16,800원
ISBN 979-11-92372-01-3 03320